课程育人新坐标丛书　　高峰　杨四耕　丛书主编

儿童立场的
课程探索

刘喜红 等◎著

华东师范大学出版社
·上海·

图书在版编目(CIP)数据

儿童立场的课程探索/刘喜红等著. —上海:华东师范
大学出版社,2023
　(课程育人新坐标丛书)
　ISBN 978 - 7 - 5760 - 3844 - 6

　Ⅰ.①儿…　Ⅱ.①刘…　Ⅲ.①课程-教学研究-小学
Ⅳ.①G622.3

　中国国家版本馆 CIP 数据核字(2023)第 088012 号

课程育人新坐标丛书

儿童立场的课程探索

丛书主编　高　峰　杨四耕
著　　者　刘喜红 等
责任编辑　刘　佳
项目编辑　林青荻
特约审读　富俊玲
责任校对　邱红穗　时东明
装帧设计　卢晓红

出版发行　华东师范大学出版社
社　　址　上海市中山北路 3663 号　邮编 200062
网　　址　www.ecnupress.com.cn
电　　话　021 - 60821666　行政传真 021 - 62572105
客服电话　021 - 62865537　门市(邮购)电话 021 - 62869887
地　　址　上海市中山北路 3663 号华东师范大学校内先锋路口
网　　店　http://hdsdcbs.tmall.com

印 刷 者　杭州日报报业集团盛元印务有限公司
开　　本　787 毫米×1092 毫米　1/16
印　　张　15.5
字　　数　149 千字
版　　次　2023 年 6 月第 1 版
印　　次　2023 年 6 月第 1 次
书　　号　ISBN 978 - 7 - 5760 - 3844 - 6
定　　价　52.00 元

出 版 人　王　焰

丛书编委会

主　编　高峰　杨四耕

副主编　刘喜红

成　员

高　峰　杨四耕　张　哲　刘喜红　徐建梅
姚耐孔　康朝霞　王志宏　刘　青　郭　涛
巴　川　张进亭　李建伟　王华月　关延杭

本书参著人员

王华月　马丽娜　马要青　马　敏　冯　英
关晓瑞　李改玲　李建伟　杨　雯　宋建勇
张进亭　张国举　徐建梅　崔亚利　韩　雪
靳红莉　翟晶晶　魏净霞

丛书总序

　　课程是生成性过程,课程变革需要激活包括教师和学生在内的课程实践过程,回归课程的生成性品格。课程的生成性品格客观上要求我们关注课程管理的生成性过程,彰显课程管理的过程性、境遇性、关系性和创造性。课程育人是不断生成的过程,它聚于目标、起于问题、成于制度、归于文化。

　　美国管理学大师彼得·德鲁克在《管理的实践》一书中指出:我们并不是有了工作才有目标,而是相反,有了目标才能确定每个人的工作。[①]他提醒我们:组织一定要当心"活动陷阱",不能只顾拉车不抬头看路,最终忘了自己的目标。泰勒指出:课程研制必须关注确定基本目标、选择学习经验、组织学习经验和评价学习结果等连续循环的过程。[②] 按照怀特海的观点:过程是终极范畴,现实存在的"存在"是由其"生成"所构成的。[③] 因此,目标是生成的,具有过程属性。我们必须用生成性过程观看待泰勒的课程研制原理,深刻理解"目标——内容——经验——评价"这个"合生"过程,而不是原子化地将它们作机械割裂的理解。事实也应该如此,过程是有目标的过程,课程开发不是漫无目的的"撒野",育人目标是内生于课程之中的,课程是基于育人目标导引的连续生成过程。

　　在课程变革过程中,学校课程管理要按照全面发展的要求,确立育人目标,基于此目标建构课程,推进立德树人根本任务的实现。可现实情况是,我们很多学

---

① 邱国栋,王涛.重新审视德鲁克的目标管理——一个后现代视角[J].学术月刊,2013,45(10):20—28.
② (美)拉尔夫·泰勒.课程与教学的基本原理[M].施良方,译.北京:人民教育出版社,1994:2.
③ (英)怀特海.过程与实在:宇宙论研究(修订版)[M].杨富斌,译.北京:中国人民大学出版社,2013:29.

校"有课程内容,无育人目标;有育人目标,无课程目标;有课程目标,无目标管理",由此造成了"课程离心化"倾向。在这些学校,课程不是为了育人,而是为了育分;不是为了育完整的人,而是为了育单向度的人。当然,这在本质上也取消了目标——人因此悄悄地消失了。

课程的价值实现要以人的发展为旨归,基于过程哲学的目标管理是在学校内部建立"过程——目标"合生体系,进而把所有人有机联系起来,使集体力量得以最佳发挥。学校课程变革应基于理性精神之诉求,按照过程哲学指引下的目标管理要求,围绕育人目标的实现来推进课程育人过程。首先,确定学校育人目标。育人目标的确立必须依据全面发展的要求,结合学校课程理念,清晰地刻画育人图像。清晰刻画育人图像应符合全面发展的意涵与要求,五育融合,切合实际,与学生的心理年龄和发展阶段相适应,表述应通俗易懂、生动形象。其次,厘定学校课程目标。学校课程目标是育人目标的年段要求和具体表现,它可以对照国家课程方案的总体要求,并与学校的特定实际有机结合。最后,建构学校课程体系。基于课程目标,建构学校课程体系:横向上,要求对学校课程进行逻辑梳理与分类,搭建学校课程框架;纵向上,要求按照年级与学期时间序列匹配课程,形成支持目标实现的课程设置。可以说,学校课程体系的建构是目标导引的理性精神照耀学校课程变革的过程,体现了育人目标同课程目标的完美结合,展现了把课程作为"跑道"和作为"奔跑"过程的有机结合。因为,"从关系和时间视域看,过程标志着现实存在之间的本质联系,标志着现实发生从过去经过现在流向未来"①。

由此观之,课程育人是充满人文情怀的目标驱动过程。学校应倡导团队成员通过他们自己的语言以及社会互动来形成并宣传有关育人目标和课程目标的独特界定,用这样的独特界定来驱动学校课程管理,进而确证育人目标在课程内容的丰富和课程实施的活性上得到落实。如此,在课程建设过程中,目标管理可以使组织成员对自己的"育人身份"产生特殊的认同感,而这种认同感可以由他的专业眼光来定位,并在课程开发中形成育人的敏感性、共识性和自觉性。

不同的时代,有不同的育人主题;不同的学校,有不同的育人取向。此时代的

---

① 杨富斌,等.怀特海过程哲学研究[M].北京:中国人民大学出版社,2018:253.

课程育人表现出有别于其他时代的鲜明特征,具有人本化育人、系统化育人和特色化育人等特点。学校课程深度变革必须回归教育初心,落实立德树人根本任务。对中小学来说,课程改革必须全面理解课程改革的国家意志、提升课程自觉,创造性地提出课程育人的新理念、新思路和新方法,为学校课程治理现代化贡献力量。

"课程育人新坐标丛书"是郑州市管城回族自治区推进"品质课程"项目的成果。全区 20 所学校围绕课程品质提升,在学校课程变革方面积极探索,取得了可喜的成效。他们的实践证明:课程育人是一种理念,必须推进学校教育哲学的同步变革;课程育人是一种机制,必须重构学校课程系统的结构和功能;课程育人是一种行动,必须在文化建设、课程设计、路径激活和管理更新上下功夫。课程育人是回归教育初心的行动路径和实践方略,是课程的工具属性与价值属性的统一,是内容增值和路径创新的统一。

杨四耕

2023 年 2 月 11 日于上海市教育科学研究院

目录

自然天性是儿童的应然状态，教育要服从自然法则，适应儿童天性。儿童在与自然万物相互作用的过程中，会产生各种"天马行空"的念头。教师要尊重儿童的天性发展，为儿童创设一个自然生长的舒适空间，充分唤醒儿童好奇、探索、渴望的积极情绪，使其自然、健康、富有个性地成长。学校把儿童的自然天性作为课程规划的最初起点，力求让儿童走进自然、回归自然，置身于"自然生长"的课程空间中。

从儿童立场出发，学校的课程规划着眼于儿童自身成长，以儿童生活环境为课程学习场景，以儿童自身的思考、对话为课程学习方式，让儿童在具体真实经历中发展自我。凡是儿童需要的、感兴趣的，尤其是随时随地在一起生活、学习过程中产生和发现的情景都应及时纳入到学校课程中来。在这样的课程规划活动中，儿童的经验受到了重视，儿童的学习与他们的生活实际、真实经历紧密联系在一起。

心之初课程：在儿童的心弦上镌刻文化的密码

第三章 ｜ 持续生长：学校课程的动力源泉

"生长"不单单只是要顺乎自然，而是蕴含着发展的能力。它是一种积极向上生长的动力，是一个持续不断的社会化过程，是天赋本能的"继续"发展。教育的本质是要促进每一个儿童真实、持续地发展。在学校课程探索中，教师要着力为儿童持续生长的外在环境、内在需求提供动力和支持，促进儿童积极地参与到课程建设中来，发挥儿童的主体性和创造性，力求让儿童学有所得，学有所长。

七色光课程：向着彩虹出发

第四章 ｜ 社会交往：学校课程的动态情境

教育、课程、儿童等都处在一定的社会关系中，也都是社会关系的产物。学校课程与儿童天然具有共情、同理的基础,也自然具备交往、互动的条件。这样看来,课程的实践过程就是交往,儿童的成长过程也是交往。学校通过整合资源、搭建平台、创设多种形态、多种可能的生活交往情境,促进儿童课程社会化、生活化,使儿童感受到人与环境的依存关系,体会到人与人之间情感的交流互动。

第五章 ｜ 生命情愫:学校课程的内在张力 / 151

儿童天真活泼、灿烂无比,他们的身上蕴藏了多种可能性。学校教育应从儿童的需要出发,构建符合儿童身心特点的课程,挖掘儿童生命自身的潜力。在课程规划实施的过程中,教师要把教育的过程看作是一个促进儿童生命不断成长与完善的过程,以促进儿童成就自我,即让儿童成长为眼中有光、心中有爱、身心健康、积极进取、知行合一,拥有充满生命内在张力的独立个体。

第六章 ｜ 多元创造:学校课程的无限可能 / 193

每个儿童都是独特的个性存在,儿童的天赋秉性、兴趣特长各不相同。即使是同一个儿童,在不同的发展阶段,其认知能力、兴趣需求也不完全一样,每一位儿童都是独特的自我。多元智力理论的提出,促使教育者最大程度地挖掘每一个儿童的创造力。学校通过丰富的课程架构培养儿童的创造性,点燃儿童智慧的火花,为儿童的不断创新提供动力和支持,从而让每一个儿童都体验到创新的激情,在创新中进步,在创新中成长。

智慧树课程:让每一个孩子体验创新的激情

儿童是不可复制的奇迹

儿童是有独立人格的、生动活泼的生命个体。尊重儿童、呵护儿童,是教育的职责;研究儿童,引领儿童,从儿童出发建构适合儿童生长、助力儿童发展的课程,是教育者的义务。在学校课程探索中,教师需要站在儿童立场上,按照儿童心理特有的规律对儿童进行引导,以儿童的年龄、认知结构、经验水平、情感需要为立足点进行教育。只有真正认识儿童和发现儿童,才能促进儿童的发展,创造每一位儿童不可复制的奇迹。

每一名儿童都是不可复制的奇迹和独特存在,是有独立人格的、生动活泼的生命个体。尊重儿童,呵护儿童,是教育的职责;研究儿童,发现儿童,从儿童出发建构适合儿童生长、助力儿童发展的课程,是教育者的义务。

基础教育课程主要面向儿童,当然应该是儿童课程。在基础教育领域所有的课程都应该是儿童课程,也都可以是儿童课程。儿童立场所展现的自然天性、真实经历、持续生长、社会交往、生命情愫与多元创造,构成了儿童课程根本的教育哲学意蕴。儿童课程的建构是一种共情同理的主观积极与客观自然,包括国家意志的完整传递、儿童本真的多元共育、关键事件的具身设计和发展情境的个别创生,一切立场都将落实为儿童的立场,所有教学都将转化为真实的经历,全部成果都将体现为持续的生长。

在学校课程探索中,我们所持有的态度是什么?成尚荣先生的回答是:儿童立场。儿童立场的核心是发现儿童和引领儿童。① 在我们看来,儿童立场有着丰

---

① 成尚荣. 儿童立场:教育从这儿出发[J]. 人民教育,2007(23):5—9.

富的内涵,它需要教师拥有儿童视角,按照儿童心理特有的规律对其进行引导,以儿童的年龄、经验水平、情感需要为立足点进行教育。只有真正认识儿童和发现儿童,才能坚守儿童立场。

一、顺应儿童天性,重构立场探索儿童

儿童是学校课程的对象,更是学校课程的主体;既是学校课程的出发点,也是学校课程的旨归。课程建构是一种大智慧,苏格拉底认为,智慧的本质是"认识自己"。卢梭也说:"我觉得人类的各种知识中最有用而又最不完备的,就是关于'人'的知识。在最不完备的'人'的知识中,最突出的又是关于'儿童'的知识。"又如卢森堡批评的那样:"一个匆忙赶往伟大事业的人没心没肺地撞倒一个孩子是一种罪行!"在日常的教育教学中,我们也常常无情地"撞倒"孩子,不管你是有心还是无意,这是毋庸置疑的事实。其根本原因是我们不知道"儿童是谁",不知道"儿童在哪里"。不研究儿童,不认识儿童,课程就无法真正实施。

其实,儿童就在我们面前,但我们并未发现。我们总是习惯站在成人的角度去看待他们,总认为儿童是"小大人"。这样的认知态度显然是缺乏对儿童的认识和探索,不可能有儿童立场的建立,也不可能有教育立场的发生。基于此,我们必须重新认识儿童、探索儿童,准确把握儿童的发展规律和儿童心理特点,从儿童的自身需求出发。顺应儿童的身心发展规律,换位思考把儿童当作独立的主体,蹲下身子,用儿童的眼睛去审视世界,用儿童的耳朵去聆听心声,用儿童的心智去思考问题。

在以往的课程设置中,学校、教师更多关注儿童的知识掌握、儿童的问题、儿童的缺点,因此造成社会、家庭、儿童个人在教育中的焦虑;我们现在的课程设置中更多关注儿童天性、儿童特点。每一个儿童之于家庭都是相对独立的、唯一的,儿童的成长具备无限可能。儿童是家庭的未来、社会的未来、民族的未来,儿童的成长需要教育者的关爱与引导。我们尊重每一个鲜活的生命个体,要与每一个孩子达成心与心的交汇,灵与灵的沟通。让课程成为滋养孩子萌生于心间的嫩芽,润泽根植于精神深处的灵魂,从而让每一个孩子都得以蓬勃生长。教育的过程其实就是一个促进生命不断成长与完善的过程,是促进儿童成长为更好的自己,成为眼中有光、心中有爱、身心健康、积极进取、知行合一的人。学校根据学生年龄特点、场地设施等,设置不同的特色课程,给学生提供激发兴趣的舞台,助力学生展现自我、彰显个性,从而让学生获得进步感和满足感,产生幸福感。陪儿童站立在课堂的中央,蹲下来,俯下身子,以儿童的视角来观察这个世界,创设个性课程,会领略到不一样的风景。教育者只有回到儿童中去,才能发现每个孩子的独特之美。

二、基于儿童经验,丰富经历培养儿童

儿童是独立的,又是独特的生命个体。课程是儿童对话世界、理解世界、融入世界的窗口,是儿童成长的跑道。当儿童与课程这两个词汇交织在一起,"儿童立场"的课程就顺其自然地具备了产生的条件和可能。在我们看来,真正意义上的儿童立场的课程不是对儿童展开框架化的教育控制,而是应该在儿童的身体、生活、情感、经验和想象等方面给予充分而适切的关照;尊重且充分挖掘儿童与生俱来的品质,诸如纯真善良的心灵、好奇与探究的天性、奇特美好的想象、无限发展的可能等。

以往的课程设置中,儿童不能有效地把在校外获得的经验完整地、自由地在校内利用,导致在日常生活中感受不到所学知识的价值。在我们看来,课程规划的过程就是让儿童的"心"与直接体验建立联系,产生直接经验,让儿童以课程主体的身份按照已有的生活经验和个性发展需求,在与其他课程要素的交往和对话中形成对课程富有个体特征及创造性的体悟和见解。"童味园课程""七色光课程"等课程建构丰富有趣的课程体系,运用贴近儿童经验的课程资源,采用自主、合作、探究的课程实施方式,葆童味、扬童心、激童趣,让儿童立场的课程成为儿童个性发展的"绿地"。

我们坚持"儿童是课程的主角"的课程建设主张,以丰富多彩的课程为载体,以学习为基本形式,以生动活泼的实施途径为基本原则,帮助儿童自主地认识、选择课程并积极地体验课程内容,从而获得适宜的成长。在区域课程规划的实践中,学校根据儿童身心发展规律,遵循由具象到抽象、由感性到理性的原则,系统地设置丰富且具有个性化的课程内容,促进学校教育与儿童生活相融合,体现儿

童生活、生长和发展的价值,从而实现课程的实践价值。在儿童立场的观照下,课程体系的建构把静止的知识变为动态生长的资源,从而推动了课程的创生过程,也彰显了课程中所蕴含的育人价值。

三、遵循儿童心理,解放天性发展儿童

现代儿童观的基本内涵包括:承认儿童的独特地位,肯定儿童的未成熟状态,关注儿童的当下生活,重视儿童的能动活动。[①] 学校课程在实践过程中要尊重儿童的天性,根据儿童的兴趣爱好促进儿童的发展。儿童具有发展的无限可能性、未完成性、创生性。小学阶段的儿童呈现喜欢游戏,喜欢模仿,对周围世界充满好奇,也喜欢被鼓励、被赞扬,渴望成功的喜悦,同时也乐于参与户外生活体验的心理状态。在依据儿童心理特点规律前提下,我们区域课程建设注重解放儿童天性,把儿童的基本自由还给儿童,坚持自由与严格的统一。教育要给儿童一个真实的、完整的世界认知和体认,世界是需要一定的规则秩序运行的。陶行知先生在论述意志教育时这样说:"意志教育不是发扬个人盲目的意志,而是培养合于社会历史发展的意志。"[②]社会以及历史的发展需要坚守规则,坚持规范的意志。儿童在接受课程教育的学习实践过程中,除了倡导获取学习的愉悦感,也要引导学生树立学习坚持刻苦精神的意志品质,使儿童能够既体会到学习之乐,也要有耐受学习之苦,从而树立正确地享受自由与遵守秩序的意识。在我们的传统教育中,孩子们的规范条框约束过多造成学生创新意识不强,我们认为对于孩子秩序规范的要求其实是对人性的尊重和对儿童个性的尊重。只有当儿童自觉去约束自己、规范自己了,儿童才会达到真正的自由。

区域课程规划设计在具体的课程实施中,坚持遵循儿童心理发展规律,解放儿童天性的原则以发展儿童。喜欢活动和游戏,是儿童的天性。丰富多彩的课程活动既是符合儿童生理、心理发展的一种教育形式,又是儿童认知世界、模拟改造世界的一种重要途径和手段。在课程规划实施过程中,学校创设了丰富多彩的课

---

① 张娜,陈佑清. 现代儿童观及其对学前教育课程设计的意义[J]. 全球教育展望,2013,42(03):91—98.

② 陶行知. 陶行知教育言论集[M]. 北京:科学普及出版社,1998:120.

堂活动,开展创意生趣的节日活动和极具个性的社团活动等引领儿童主动健康地发展,满足儿童的成长需求,从而让学生在真实体验的活动中感受快乐,释放天性。

四、立足儿童个性,多元评价成就儿童

学校是儿童生活的重要场域。从根本上说,课程就是为儿童提供一种学校生态环境。每个儿童都是独特的存在,儿童的兴趣特长、个性特点各不相同。即使是同一个儿童,在不同的阶段,其认知能力、兴趣需求也不完全一样。要想让每一个独特的生命之花在学校这片肥沃的土壤上鲜艳绽放,就需要教师走近儿童,做儿童成长的陪伴者和守护者。在进行课程规划时,学校课程始终坚持以儿童为中心,了解儿童心中所想,做儿童心中所求,为儿童提供个性化表达的自由园地,引导他们主动参与学校公共生活。鼓励儿童大胆说出自己的意见,引导、激发、鼓励儿童参与到课程建构之中,促进儿童从中获取个体自由发展的体验。

学校通过设置多种多样的课程形态,充分考虑儿童的兴趣和需要,让儿童深入到活动中,在活动中学,在学中活动,培养和发展儿童特长,促进儿童各种能力的发展。基于儿童立场的这种学校课程为儿童提供一份丰富的体验、一种被关注的感觉和一份成功的自信,在潜移默化中锻造他们的品格,成就他们持续生长的可能性。

课程的构建和实践,离不开教师和学生的评价参与。在课程评价上,学校、教师和学生都要参与其中,共同制定和设计可操作性的、行之有效的评价标准和评价策略,以促进学校、教师和学生及时地对课程进行反思和优化。学校课程评价实施中主要包括以下原则:坚持评价主体、评价形式、评价结果等内容的多元性评价原则,坚持以肯定、鼓励学生进步和正向发展为指向的赏识性评价原则,坚持关注课程实施的整个过程以及每个学生在课程实施中的发展变化为主的过程性评价原则。最后,学校课程也要通过展示性评价,即展示学生课程学习成果,评选优秀,和激励性评价,即学校立足儿童核心素养发展,设计课程奖励,制定奖励细则,开发学校特色文化奖品等激励学生在课程中成长,这两种评价策略来落实课程实施效果。

给儿童一束阳光,就会灿烂一片天地。这样的评价形式和评价策略改变了传

统的教育范式,由注重"每一课"到关注"每一个",真正做到关注每一个儿童,使儿童在学校的学习和生活中获得满足、喜悦、成功等积极的心理体验,从而对未来的学习生活充满信心;也使我们的课程规划满足每一位儿童的个性发展需求,真正实现每一位儿童的全面发展、差异化发展,最后成就每一位儿童的个性化发展。

(撰稿者:关晓瑞　杨雯　崔亚利　韩雪)

第一章
自然天性：学校课程的最初起点

　　自然天性是儿童的应然状态，教育要服从自然法则，适应儿童天性。儿童在与自然万物相互作用的过程中，会产生各种"天马行空"的念头。教师要尊重儿童的天性发展，为儿童创设一个自然生长的舒适空间，充分唤醒儿童好奇、探索、渴望的积极情绪，使其自然、健康、富有个性地成长。学校把儿童的自然天性作为课程规划的最初起点，力求让儿童走进自然、回归自然，置身于"自然生长"的课程空间中。

童味园课程：
这里，有孩子们最难忘的童年

郑州市管城回族区回族幼儿园位于清真寺街 127 号，创建于 1958 年。建园至今，先后命名和更名为红旗公社幼儿园、红旗幼儿园、法院东街幼儿园、向阳路幼儿园和回族幼儿园，园址也先后经历了 6 次搬迁。幼儿园隶属于管城回族区教育局，现有 14 个教学班，教职工74 名，幼儿 504 名，占地面积 4 463 平方米，建筑面积 5 593 平方米。我们依据 2016 版《幼儿园工作规程》、2001 版《幼儿园教育指导纲要》（试行）、2012 版《3—6 岁儿童学习与发展指南》研制了"童味园课程"建设方案，推进"童味园课程"的实施和落实，并取得了显著成效。

第一节　探寻自然生长的课程旨趣

回族幼儿园是一所小小的幼儿园,追逐的却是一个伟大的梦想。我们的教育哲学兼具开放性和中国特色的建设性架构,"以儿童为中心、以中国为根源、以生活为养料、以未来为目标",培育现代的德智体美劳全面发展的中国公民。

一、幼儿园教育哲学

我园的教育哲学是童味教育。童年是记忆中最灿烂最美好的一段时光,轻松、快乐、无忧无虑。童年的味道给人以希望,让人无尽憧憬;给人以渴望,让人无限回味。我们认为,童味是一种美好的感觉、是一种积极的体会、是一种难忘的记忆。

童味教育就是站在儿童生命成长的场景中,站在儿童的立场,把成长的权利还给孩子,呵护孩子的童心,尊重孩子的天性;童味教育就是要了解儿童年龄的心理和生理特点,接纳儿童的情感需求和个体差异,认同儿童独特的学习方式,敬畏儿童与生俱来的潜力和需要,使每一个孩子的天性和与生俱来的能力得到健康生长;童味教育就是让每一个孩子都拥有应有的天真,让每一个孩子真正像孩子一样生活;童味教育就是相信每一个孩子都有自己的秘密,每一个孩子都是一个宝藏;童味教育就是相信每一个孩子都是一个奇迹,每一个孩子都会潜能无限。

幼儿教育就是要使每个儿童的天性和与生俱来的能力得到健康生长,而不是把外面的东西,例如知识灌输进一个容器。"生长就是目的,在生长之外别无目的","现代教育"强调"教育不是把外面的东西强迫儿童去吸收,须使人类与生俱来的能力得以生长"。[①]

幼儿教育是教师的生命与一个个鲜活而灵动的幼小生命的共同经历和共同

① 顾志跃. 积极探索新世纪的教育模式——论现代教育目的与学生学业负担[J]. 上海教育,1996(03):3—5.

成长,也是一个生命和另一个生命的分享,而对于儿童来说,是体验、是成长、是一个生命向另一个生命的倾诉与交流。儿童不是"未长大的成人",所以我们不以成人的思想强迫其接受。教学过程中,最主要的是在每个孩子身上发现最强的一面,找出他作为一个人的优势发展的闪光点或者潜在可能,使孩子能够最充分地显示和发展他的天赋素质,达到他年龄可能达到的最卓越的成就。

不断地学习与思考是每一个儿童的成长特质,同时也是教师专业成长必不可缺的品质。我们需要在与孩子共同学习与成长过程中,与孩子共建好学与善思的美好品质。我们尊重教师个人在团队中的智慧,但同时也非常注重教师共同体的交流性和共建性。教师们以共同的志趣与学习意愿组成共同体,尊重群体中各自的差异,彼此之间自由交流与对话,分享彼此的幼儿教育经验,相互支持、共同努力,从而促进自己和同伴的专业发展。我们肩负历史使命,同时也明确自己的人生追求,以坚定的信念和积极的心态投入到幼儿教育事业中,来完成神圣的使命。

有人说,推动摇篮的手正在推动整个世界。幼儿阶段的有效教育对一个人一生的能力发展具有决定性的提升作用,幼儿教育必须要从时代和世界的角度来整体思考。"在美好的地方,做美好的儿童",实施科学的保育和教育,让幼儿度过快乐而有意义的童年。

我们的教育信条是:

我们坚信,

教育即生长;

我们坚信,

每一个孩子都是一个奇迹;

我们坚信,

爱的教育才是真正的教育;

我们坚信,

童年是人生最宝贵的精神资源;

我们坚信,

优秀教师总会知道儿童的秘密;

我们坚信,

走进童心世界和孩子们共同成长;

我们坚信，

幼儿园里有孩子们最美好的记忆。

基于上述教育哲学，我们提出幼儿园的办园理念：童年漫漫，回味满满。

二、幼儿园课程理念

我园依据《幼儿园工作规程》《幼儿园教育指导纲要》《3—6岁儿童学习与发展指南》为指导，以园本课程和特色课程为基础，构建与幼儿内在发展相一致，以活动为源、以质量为基，培养德智体美劳全面发展的幼儿，建立具有"童味"教育特色的品牌幼儿园。基于此，我园提出了"这里，有孩子们最难忘的童年"的课程理念。其具体内涵如下：

——课程即生命场景。我们始终坚守"真正关注幼儿生命发展"的价值观，不但要关注生命本身，更要关注生命主体以及幼儿生命质量，尤其是孩子们的思想和需求，致力于让幼儿教育回归传统和本真。

——课程即儿童立场。每个幼儿都有自己独一无二的特性，童味课程的目标需要与幼儿身心发展的需要和个性发展规律相和谐，尊重幼儿的身心发展特点，尊重幼儿的差异性以及关注幼儿的生命质量，从而使童味园课程目标可以真正起到促进每个幼儿德智体美劳全面发展的作用。

——课程即温馨记忆。童味园课程致力于让幼儿快乐、自在和健康地度过在幼儿园的每一天。童味园课程就如同一颗细小的种子，每一个踏入这里的孩子，从第一天开始就在心里种下了这颗小小的种子。未来，这颗小小的种子将在他们心里发芽、开花和结果。

——课程即内在生长。尊重儿童自己的兴趣和需要，满足幼儿强烈的好奇心和求知欲，为幼儿提供丰富的活动和环境，让幼儿的学习在与环境的教育作用中主动建构。童味园课程就是为幼儿营造一个健康和谐的、可以自主学习探究的精神环境和物质环境，通过不断引发幼儿的自发活动和创造力，力求使之成为一个不断发展着的儿童。

因此，我们将幼儿园的课程模式定为"童味园课程"，让孩子们在课程的滋养下挖掘自身优势、体验快乐、全面发展。

第二节　创设自然舒适的成长空间

幼儿园课程是为育人目标服务的。因此,确立幼儿园的课程目标,必须首先明晰幼儿园的育人目标。

一、育人目标

我们的育人目标是:培养"健康、活泼、敏学、乐群"的完整幼儿,秉承让孩子健康生长,体验快乐成长的味道的理念。具体要求如下:

健康:身体强健、心理健康;

活泼:乐于表达、富于创造;

敏学:认真专注、勇于探究;

乐群:积极主动、善于交往。

二、课程目标

为了培养"健康、活泼、敏学、乐群"的完整幼儿,幼儿园通过多种形式有效促进幼儿身体良好的发育和协调的动作,加强幼儿锻炼,增强幼儿体质,创设温馨的人际环境,让幼儿形成积极稳定的情绪情感;同时,培养幼儿良好的生活和卫生习惯,提高幼儿的自我保护能力,帮助幼儿形成终身受益的生活能力和文明生活方式。激发幼儿的内在潜能,在发展幼儿智力的同时,创设自由、宽松的语言交往环境,让幼儿想说、敢说、喜欢说,并能得到积极回应,丰富幼儿的语言表达能力。激发幼儿探究的兴趣,培养幼儿的好奇心和解决问题的能力。培养幼儿的自信心和仁爱之心,初步培养幼儿的爱祖国、爱集体、爱家乡、爱他人、爱自己的情感,使幼儿具有初步的归属感。丰富幼儿的想象力,引导幼儿用自己的心灵去感受和发现美,而且可以大胆地表达和创造美。

因此,我园在《3—6岁儿童学习与发展指南》的基础上,将育人目标进一步细化和总结,明确了小班、中班、大班的具体课程目标,要求如下:(见表1-1)

表 1-1 "童味园课程"目标

小班

健康	身体健康	1. 乐于参与体育活动与锻炼。 2. 能身体平稳地双脚连续向前跳。 3. 能快跑 15 米左右。行走 1 公里左右(途中可适当停歇)。 4. 能熟练地用勺子吃饭。
	心理健康	1. 情绪比较稳定,很少因一点小事哭闹不止。 2. 有比较强烈的情绪反应时,能在成人的安抚下逐渐平静下来。
活泼	乐于表达	1. 经常自哼自唱在幼儿园学到的歌曲、儿歌或模仿有趣的动作、表情和声调。 2. 经常涂涂画画、粘粘贴贴,并乐在其中。
	富于创造	1. 生活中,能模仿学唱短小歌曲。能跟随熟悉的音乐做身体动作。 2. 能用声音、动作、姿态模拟自然界的事物和生活情景。 3. 能用简单的线条和色彩大体画出自己想画的人或事物。
敏学	认真专注	1. 喜欢用涂涂画画表达一定的意思。 2. 注意力能够集中 3—5 分钟。
	勇于探究	1. 喜欢接触大自然,对周围的很多事物和现象感兴趣。 2. 经常问各种问题,或好奇地摆弄物品。 3. 对感兴趣的事物能仔细观察,发现其明显特征。 4. 能用多种感官或动作去探索物体,关注动作所产生的结果。
乐群	积极主动	1. 主动要求成人讲故事、读图书。喜欢跟读韵律感强的儿歌、童谣。 2. 能根据自己的兴趣选择游戏或其他活动。在活动中为自己的良好行为或活动成果感到高兴。 3. 自己能做的事情愿意自己做。喜欢承担父母或者老师布置的一些小任务。
	善于交往	1. 别人对自己说话时能注意听并做出回应。能听懂日常会话。 2. 愿意在熟悉的人面前说话,能大方地与人打招呼。 3. 愿意和同伴一起游戏。与同伴发生冲突时,能听从成人的劝解。 4. 在提醒下,能遵守游戏和公共场所的规则。

中班		
健康	身体健康	1. 大胆参与体育活动与锻炼。 2. 能助跑跨跳过一定距离,或助跑跨跳过一定高度的物体。 3. 能快跑 20 米左右。连续行走 1.5 公里左右(途中可适当停歇)。 4. 会用筷子吃饭。
	心理健康	1. 经常保持愉快的情绪,不高兴时能较快缓解。 2. 有比较强烈情绪反应时,能在成人提醒下逐渐平静下来。 3. 愿意把自己的情绪告诉亲近的人,一起分享快乐或得到安慰。
活泼	乐于表达	1. 经常唱唱跳跳,愿意参加歌唱、律动、舞蹈、表演等活动。 2. 经常用绘画、捏泥、手工制作等多种方式表现自己的所见所想。
	勇于探究	1. 在活动中,能用自然的、音量适中的声音基本准确地唱歌。能通过即兴哼唱、即兴表演或给熟悉的歌曲编词来表达自己的心情。 2. 能用拍手、踏脚等身体动作或可敲击的物品敲打节拍和基本节奏。 3. 能运用绘画、手工制作等表现自己观察到或想象的事物。
敏学	认真专注	1. 愿意用图画或符号表达自己的愿望和想法。 2. 在成人提醒下,写写画画时姿势正确。 3. 注意力可持续 10 分钟左右。
	勇于探究	1. 喜欢接触新事物,经常问一些与新事物有关的问题。 2. 常常动手动脑探索物体和材料,并乐在其中。 3. 能对事物或现象进行观察比较,发现其相同与不同。 4. 能根据观察结果提出问题,并大胆猜测答案。 5. 能通过简单的调查收集信息。 6. 能用图画或其他符号进行记录。
乐群	积极主动	1. 反复看自己喜欢的图书。喜欢把听过的故事或看过的图书讲给别人听。 2. 对生活中常见的标识、符号感兴趣,知道它们表示一定的意义。 3. 能按自己的想法进行游戏或其他活动。知道自己的一些优点,并对此感到满意。 4. 自己的事情尽量自己做,不愿意依赖别人。敢于尝试有一定难度的活动和任务。
	善于交往	1. 愿意与他人交谈,喜欢谈论自己感兴趣的话题。 2. 喜欢和小朋友一起游戏,与同伴发生冲突时,能在他人帮助下和平解决。 3. 会用礼貌的方式向长辈表达自己的要求和想法。 4. 喜欢自己所在的幼儿园和班级,积极参加班级的各种集体活动。

大班

健康	身体健康	1. 积极参与体育活动与锻炼。 2. 能连续跳绳。 3. 能连续行走 1.5 公里以上(途中可适当停歇)。 4. 能熟练使用筷子和简单的劳动工具或用具。
	心理健康	1. 经常保持愉快的情绪。知道引起自己不开心的原因,并努力缓解自己的情绪。 2. 表达情绪的方式比较适度,不乱发脾气。 3. 能随着活动的需要转换情绪和注意。
活泼	乐于表达	1. 积极参与艺术活动,有自己比较喜欢的活动形式。 2. 能用多种工具、材料或不同的表现手法表达自己的感受和想象。 3. 艺术活动中能与他人相互配合,也能独立表现。
	富于创造	1. 在活动中,能用基本准确的节奏和音调唱歌。能用律动或简单的舞蹈动作表现自己的情绪或自然界的情景。 2. 能自编自演故事,并为表演选择和搭配简单的服饰、道具或布景。 3. 能用自己制作的美术作品布置环境、美化生活。
敏学	认真专注	1. 愿意用图画或符号表现事物或故事。 2. 会正确书写自己的名字。 3. 写画时姿势正确。 4. 注意力能保持 20 分钟左右。
	勇于探究	1. 对自己感兴趣的问题总是刨根问底。 2. 能经常动手动脑寻找问题的答案。 3. 探索中有所发现时感到兴奋和满足。 4. 能通过观察、比较与分析,发现并描述不同种类物体的特征或某个事物前后的变化。 5. 能用一定的方法验证自己的猜测。 6. 能用数字、图画、图表或其他符号记录,探究中能与他人合作与交流。
乐群	积极主动	1. 专注地阅读图书。喜欢与他人一起谈论图书和故事的有关内容。 2. 对图书和生活情境中的文字符号感兴趣,知道文字表达一定的意义。 3. 能主动发起活动或在活动中出主意、想办法。 4. 做了好事或取得了成功后还想做得更好。 5. 自己的事情自己做,不会的愿意学。主动承担任务,遇到困难能够坚持而不轻易求助。 6. 与别人的看法不同时,敢于坚持自己的意见并说出理由。

善于交往	1. 在集体中能注意听老师或其他人讲话。听不懂或有疑问时能主动提问。 2. 能结合情境理解一些表示因果、假设等相对复杂的句子。愿意与他人讨论问题，敢在众人面前说话。 3. 有自己的好朋友，也喜欢结交新朋友，与同伴发生冲突时能自己协商解决，能有礼貌地与人交往。 4. 愿意为集体做事，为集体的成绩感到高兴。	

总之，在课程建设目标的过程中，我们关注课程资源的创建，以各种有效途径推进"童味教育"特色形成，以助力"童味园课程"的构建与实施。

第三节　开发有温度的课程育人资源

　　幼儿园基于"童味教育"的教育哲学以及幼儿园课程目标，设置了"童味园课程"体系。

一、幼儿园课程逻辑

　　在"童味教育"的教育哲学引领下，我们提出了"童年漫漫，回味满满"的办园理念和"这里，有孩子们最难忘的童年"的课程理念，并围绕《幼儿园教育指导纲要》《3—6岁儿童学习与发展指南》以及《关于深化课程改革，落实立德树人根本任务的意见》总体框架等文件精神，研制了我园的"童味园课程"。（见图1-1）

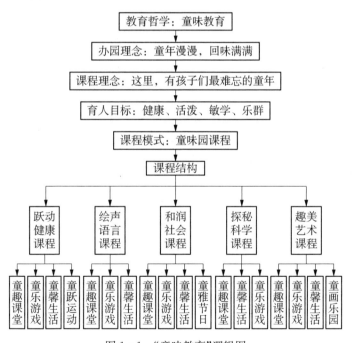

图1-1　"童味教育"逻辑图

二、幼儿园课程结构

童味园课程是通过整合园本课程和特色课程这两类课程所构建的,包括跃动健康课程(体育与健康类)、绘声语言课程(语言与交流类)、润社会课程(自我与社会类)、探秘科学课程(科学探索与逻辑类)、趣美艺术课程(艺术与审美类)等五大类课程。(见图1-2)

图1-2 "童味园课程"结构图

上图中,各类课程内涵如下:

——跃动健康课程:跃动健康课程基于健康领域对幼儿发展的价值,围绕《指南》从幼儿的身心状况、动作发展、生活习惯与生活能力等方面,为幼儿提供良好的物质环境和精神环境,满足其内在生长需要。尊重幼儿是独立的个体,帮助幼儿发展基本生活能力,养成良好的生活习惯,提高自我保护能力,促进幼儿身心健康协同发展。从心理健康和身体健康两大方面着手,设置跃动健康课程。

——绘声语言课程:绘声语言课程基于语言领域对幼儿语言学习与发展的目标,从倾听与表达、阅读与书写准备这两方面,丰富其语言表达能力,培养阅读兴趣和良好的阅读习惯,进一步拓展学习经验,为幼儿创造无所不在的语言教育环境,设置绘声语言课程。

——和润社会课程:和润社会课程基于社会领域对幼儿社会性不断完善及奠定健全人格的基础,以发展幼儿的社会性为目标,以增进幼儿的社会认知、激发幼儿的社会情感、引导幼儿的社会行为为主要内容,从人际交往和社会适应这两大方面着手,设置和润社会课程。

——探秘科学课程:探秘科学的价值取向不再是注重静态知识的传递,而是注重幼儿的情感态度和幼儿探究解决问题的能力、以与他人及环境的积极交流与和谐共处为目标,从科学探究和数学认知两大方面让幼儿在探究具体事物和解决实际问题中,尝试发现事物之间的异同和联系的过程,为其他领域的深入学习奠定基础,设置探秘科学课程。

——趣美艺术课程:趣美艺术课程从艺术活动对幼儿发展的价值和艺术自身的特质出发,设置了课程的内容结构,引导幼儿学会用心灵去感受和发现美,用自己的方式去表现和创造美,并坚信,每个幼儿心里都有一颗美的种子,设置趣美艺术课程。

三、幼儿园课程设置

根据"童味园课程",结合幼儿园课程资源情况,我们从三个年龄段,六个学期针对幼儿不同时期的年龄特点,从乐享主题、童乐游戏、童跃运动、童馨生活这四个建设路径,对课程的内容体系进行系统设置如下:(见表1-2)

表1-2 "童味园课程"设置表

		跃动健康课程	绘声语言课程	和润社会课程	探秘科学课程	趣美艺术课程
小班	上学期	乐享主题	跟着老师走(和谐) 牙齿上的黑洞(和谐) 甜滋滋配餐师(多元)	小小入园了(多元) 小蚂蚁真有趣(和谐) 甜甜蜜蜜一家人(多元)	我的新家(和谐) 大家一起玩(学前教育) 甜蜜模仿秀(多元)	会动的玩具(和谐) 小鸡和小鸭(多元) 甜蜜的笑(多元)	我上幼儿园(和谐) 小斑马(和谐) 小兔家的新门帘(学前教育)
		童乐游戏	小巧手 七彩童话 喂娃娃	娃娃家 虫虫书屋 手偶表演	小鬼当家 小医院 甜品屋	秘密花园 触觉墙 分果果	小舞台 七彩童话 点点线线

			跃动健康课程	绘声语言课程	和润社会课程	探秘科学课程	趣美艺术课程
		童跃运动	拉个圈圈走走 鱼儿游	皮球真好玩 好朋友	男孩女孩排队 大家一起玩	开小车 小雪花	我爱玩皮球 滑滑梯
		童馨生活	我的小手 我喜欢喝水 穿鞋子小窍门	甜蜜的生活 大胆发言真勇敢 学会倾听	你好,谢谢 排队也挺好 举手请回答	手帕怎么使用 牛奶真好喝 怎么叠衣服	不害怕弄脏小手 帮笔找到帽子 唱歌保护嗓子
	下学期	乐享主题	爸爸的鞋(多元) 结冰了融化了(多元) 点点告诉我(多元) 走小路(多元)	外婆桥(多元) 来玩水(多元) 水宝宝变魔术(多元) 小雨点(多元) 乌龟爷爷的长寿面(多元)	我的家(多元) 省水小妙招(多元) 我走斑马线(多元) 小羊过桥(和谐)	快乐一家(多元) 我从哪里来(多元) 和水宝宝玩游戏(多元) 哪杯水最多(多元)	爷爷的胡子(多元) 我家有几口(和谐) 水精灵在唱歌(多元) 小蝴蝶的舞蹈(多元)
		童乐游戏	我会系扣子 我会系鞋带 动物的花外衣	娃娃家 小书虫 故事会	小医院 小银行 喂娃娃	小火车 动物世界 排排队	手指画 黏土天地 小舞台
		童跃运动	我是小司机 丢手绢 打雪仗 来玩水	咱俩一起玩 开火车	应该怎样玩 轮流玩 会飞的汗珠	小手套 冻冰花	我爱玩 我的好朋友 好玩的飞盘
		童馨生活	哭吧哭吧不是错 吃菜好?吃肉好? 小牙齿大智慧	礼貌用语 说"梦"话 用嘴巴还是动手	我陪娃娃一整天 爸爸妈妈是这样爱我的 交朋友的方法	小种子 我们的书籍朋友 我喜欢雪	保持好心情 好朋友大调查 好朋友唱出来
中班	上学期	乐享主题	袋鼠跳高高(多元) 炒豆豆(多元) 舞龙舞狮(多元) 蹦蹦跳跳 身体好(和谐)	我想长大(多元) 小树叶找妈妈(和谐) 树叶飘飘(和谐) 豆子旅行记(多元)	今天我是值日生(多元) 小帮手就是我 火红的新年(多元)	介绍我的玩具(多元) 大鞋子小鞋子(多元) 秋虫(学前教育) 认识数字(和谐)	送给弟弟妹妹的礼物(多元) 值日生(多元) 树叶图画(学前教育) 新年交响曲(多

		跃动健康课程	绘声语言课程	和润社会课程	探秘科学课程	趣美艺术课程
				新年联欢会(和谐) 高高兴兴迎新年(和谐)	好玩的分类(和谐)	元) 创意窗花(多元)
	童乐游戏	剪纸天地 捡豆豆 小超市	皮影戏 小书吧 我型我秀	我们的约定 快餐店 今天我值日	电的秘密 风的秘密 电影院	梦工厂 巧手坊 皮影戏
	童跃运动	蹦蹦跳跳身体好 好玩的飞盘 运粮食 小组生病 轻器械操	开火车 小雨点沙沙沙 堆雪人	应该怎样玩轮流玩 不受欢迎的小狗	动物怎样保护自己 玩绳子 弹性的秘密	跳呀跳 好朋友 雪花飘飘
	童馨生活	眼睛红了 我的小手不一般 健康过冬	我爱劳动 尖叫的声音 我是小记者	我是小值日 妈妈的味道 我的小担心	生活中的分类 大地休息啦 鸡蛋的秘密	关爱身边人 设计我们的班徽 自画像
下学期	乐享主题	一起造房子(多元) 穿越小树林(多元) 植树能手(和谐) 天热我不怕(多元)	会变得房子(多元) 欢迎(多元) 绿太阳(学前教育) 树荫(和谐) 蚂蚁和西瓜(多元)	房子大不同(多元) 爱树大行动(多元) 小树叶找妈妈(多元) 夏天的朋友(学前教育)	小猪盖新房(多元) 门牌号(多元) 排排乐(多元) 大树的生长(多元) 捉害虫(学前教育)	我来造房子(多元) 城堡(多元) 春天的小树林(多元) 夏天的雷雨(学前教育) 大西瓜(绘画)
	童乐游戏	小鬼当家 娃娃的新衣 剪纸吧	叮叮美发屋 小医院 书香苑	阳光超市 娃娃家 我们的约定	果汁店 最强大脑 动物之谜	星光大道 美美服装店 小巧手
	童跃运动	各种各样的交通标志 我是安全小卫士	春游 春雨 下雨啦	小小升旗手 郊游带什么	土和泥 沙和土 水的秘密 整点和半点 远近	拍球(舞蹈) 大雨下雨 夏天的雷雨

		跃动健康课程	绘声语言课程	和润社会课程	探秘科学课程	趣美艺术课程
	童馨生活	整洁的仪表 饭后漱口 学会自我保护	我们是好朋友 团结的力量 你知道自己的优点吗	学礼仪 我的爸爸妈妈很棒 图书漂流	公路上的秘密 生活中的花 夏天,夏天	大家一起玩 帮助好朋友 我喜欢的食物
大班 上学期	乐享主题	我们的美食(多元) 感冒了真难受(和谐) 中国功夫(学前教育) 嗖,飞上天(多元)	小蜡笔(和谐) 快乐合作村(多元) 我去过的地方(和谐) 小伞兵(多元) 大中国(多元)	祖国妈妈特有的(和谐) 祖国大家庭(和谐) 美丽的风筝(多元) 神舟飞船(多元)	一起来游戏(多元) 航天科学家有功劳(学前教育) 细绳上的火箭(学前教育)	国旗国旗红红的哩(和谐) 快乐的国庆节(和谐) 我的朋友画像(多元) 中国大熊猫(多元)
	童乐游戏	小小值日生 创意坊 串项链	皮影戏 故事会 绕口令	爱心医院 庆丰包子铺 美美理发店	生命科学 自然科学 逻辑推理	绘本剧 T台秀 创意美术
	童跃运动	踩高跷 两人三足 跳房子 踢毽子	秋天的雨 小水滴旅行记 堆雪人	我也行	动物自我保护 小水滴旅行记	雨中接妈妈 传球 冬
	童馨生活	关于我自己 五官 情绪体验屋	我升班了 合作有力量 吃饭这件事儿	做家务 幼儿园里的标志 小区大调查	生命的印记 大自然的纹理 标志分类	赢得朋友 大自然的颜色 留住叶子的美
下学期	乐享主题	我是小飞人(多元) 赛龙舟(多元) 建筑工人真能干(多元) 巧夺能量包(和谐) 学学好姿势(和谐)	我们的祖国真大(多元) 鲁班造锯(多元) 环球旅行记(多元) 我要上小学(多元) 毕业诗(学前教育)	大中国(多元) 远古的工具(多元) 文具安全(多元) 下课10分钟(学前教育) 离园纪念册(学前教育)	泡茶(多元) 工具箱(多元) 有啥不一样(学前教育) 上学的早晨(学前教育) 倒计时(学前教育)	神秘印度舞(多元) 唱京剧(和谐) 我们毕业了(多元) 老师,再见了(和谐) 友情联系卡(和谐)
	童乐游戏	小菜园 故事角 我会整理	故事大会 绘本分享 虫虫书屋	小邮局 中国银行 照相馆	生命科学 自然科学 数的分解	皮影戏 我是歌手 达·芬奇画廊

		跃动健康课程	绘声语言课程	和润社会课程	探秘科学课程	趣美艺术课程
	童跃运动	我爱水宝宝 耳朵进水了 老鹰捉小鸡 滚铁环 跳皮筋 运动安全 好玩的报纸	我喜欢的运动 马路上的标志 快乐的秋游	输了怎么办 我的责任区	好看的风筝 物体的下落	我和朋友一起玩 秋游 隐形的雪人
	童馨生活	我有好习惯 我的心情 有时很糟糕 便便的秘密	面试是什么 我当主持人 我的阅读计划	危险来临时 优缺点 总结我的大班生活	要上小学啦 你了解筷子吗 有趣的树叶	开心聚会 我的名片 百变树枝

综上,幼儿园"童味园课程"以五大领域课程为主,拓展性学科活动为辅,二者相辅相成,共同为幼儿创造良好的生活、学习条件,让幼儿在课程中发展个性,在学习中体验快乐,在自信中健康成长。

第四节　拓展有深度的课程育人路径

　　回族幼儿园从"童趣课堂""童乐游戏""童馨生活""童跃运动""童画乐园""童雅节日"六方面入手践行"童味教育""健康、活泼、敏学、乐群"的育人目标,实施"童味园课程"。课程评价就是引领"童味园课程"开发的启明星,是把握五大领域课程设计的风向标。课程的实施与评价体现了对课程理念的贯彻与执行,是一个行动的过程,是通过课程行动将课程的意识形态转化为教师和幼儿的行动,从而实现课程内在的意义。

一、建设"童趣课堂",提升保教质量

　　课堂是幼儿学习的主要场所,也是教师育人的主要渠道。"童趣课堂"以童味园课程为基础,是让孩子在活动中真正参与,能够走进孩子内心的课堂。"童趣课堂"设计丰富多彩的活动形式,例如:故事引导、情景模拟、体验模仿、实物感知等多方面来激荡幼儿思维,丰盈幼儿心灵,触动幼儿灵魂,保障幼儿健康、快乐成长。这样的课堂充满童趣,荡漾着童心。

　　（一）"童趣课堂"的意涵和操作

　　创设"童趣课堂",我们以紧扣童趣、突出童真、追随童思、引发童爱、呵护童心五个方面的意涵来实际操作。

　　紧扣童趣——是适合幼儿的课堂。切合幼儿发展需要的东西,围绕幼儿感兴趣的内容,以幼儿感兴趣的形式设计教学问题,开展交流探讨。

　　突出童真——以游戏为主要形式的课堂。以游戏为手段,贯穿幼儿园的整个教学活动。

　　追随童思——是生成性的课堂。眼中处处是幼儿。教学方法和内容要随着孩子的变化而变化。充分发挥幼儿的主体地位,激发幼儿的兴趣点,为幼儿个性发展创设更大的空间,体现教师的教育机智。

　　引发童爱——是以爱心关注幼儿互学互助的课堂。幼儿知识的习得和学习

品质的形成,是在教育情境中与同伴/教师合作互动中获得的。

呵护童心——是充满期待和鼓励的课堂。第惠多斯认为:教学的艺术不在于传授的本领,而在于激励、唤醒和鼓舞。

具体内容如下:(见表1-3、表1-4)

表1-3 "童趣课堂"内容安排表

	乐享主题	畅享民间				玩享生活			
		百变纸艺	版画大师	巧手面塑	黑白艺术	我家厨房	陶艺工坊	建筑工地	童阅小屋
小班	上学期	主题一:小小入园了 主题二:动物宝贝 主题三:甜甜蜜蜜	《花》《小狗》《糖果》	《叶子》《蝴蝶》《蛋糕》	《西瓜》《熊猫》《糖果》	《手绢》《斑马》《糖果》	《面鱼》《饭团》《荷叶面》	《蝴蝶》《瓢虫》《糖葫芦》	《幼儿园》《动物园》	《幼儿园真好》《我的新朋友》《一起拉粑粑》
	下学期	主题一:小小幸福家 主题二:一起来玩水 主题三:点点线线	《房子》《小船》《折扇》	《爷爷》《小船》《雨伞》	《沙发》《小船》《蘑菇》	《房子》《小船》《雨伞》	《披萨》《汤圆》《枣馍》	《派大星》《小船》	《家》《高楼》《高架桥》	《每天都说我爱你》《爱音乐的马可》
中班	上学期	主题一:最棒的我 主题二:秋天的秘密 主题三:红红火火过新年	《折衣》《花束》《灯笼》	《妈妈的裙子》《菊花》《灯笼》	《我》《葡萄》《灯笼》	《围巾》《水果》《灯笼》	《黄金饼》《月饼》《饺子》	《笔筒》《葡萄》《鞭炮》	《火车》《停车场》	《长腿爸爸》《快乐中国年》

	乐享主题	畅享民间				玩享生活			
		百变纸艺	版画大师	巧手面塑	黑白艺术	我家厨房	陶艺工坊	建筑工地	童阅小屋
大班	下学期	主题一：我的梦想屋 主题二：大树朋友 主题三：顽皮一夏	《高塔》《大树》《帆船》《披萨》	《城堡》《大树》《帆船》	《鸟巢》《大树》《帆船》	《幼儿园》《大树》《帆船》	《意大利面》《咖喱饭》《披萨》	《鼎》《院子》《可爱的海豚》	《迷宫》《森林公园》《轮船》	《我妈妈》《我爸爸》《森林里的朋友们》
	上学期	主题一：在一起真好 主题二：我是中国人 主题三：嗖！飞上天	《手拉手心连心》《红军帽》《纸飞机》	《蒙古包》《红军爷爷》《火箭》	《蒙古包》《红军爷爷》《火箭》	《蒙古包》《长城》《我设计的飞船》	《蛋挞》《拌饭》	《花篮》《脸谱》	《娃娃家》《长城》《火箭》	《你真好》《爷爷有没有穿西装》
	下学期	主题一：世界一家亲 主题二：小工具来帮忙 主题三：再见,幼儿园	《拼贴民族服饰》《汽车》《折拼幼儿园》	《舞蹈的人》《汽车》	《舞蹈的人》《汽车》	《舞蹈的人》《汽车》《装扮幼儿园》	《春卷》《发糕》《花卷》	《鲤鱼》《汽车》《我喜欢的园内一角》	《舞台》《汽车》《我的回幼》	《小狐狸买手套》

表 1-4 "童趣课堂"时间安排表

乐享主题（上午9:00—10:00）	畅想民间（下午15:00—16:00）	玩享生活（上午9:00—10:00）（下午15:00—16:00）			
		单周		双周	
周一 周二 周三	周三	我家厨房 陶艺工坊	建筑工地 童阅小屋	我家厨房 陶艺工坊	建筑工地 童阅小屋

乐享主题 （上午9:00 —10:00）	畅想民间 （下午15:00 —16:00）	玩享生活 （上午9:00—10:00） （下午15:00—16:00）				
周四 周五	周三	周二	上午:大一班 下午:大三班	上午:大二班 下午:大四班	周二	上午:大二班 下午:大四班	上午:大一班 下午:大三班

乐享主题	畅想民间	玩享生活					
周四 周五	周三	周二	上午:大一班 下午:大三班	上午:大二班 下午:大四班	周二	上午:大二班 下午:大四班	上午:大一班 下午:大三班
		周三	上午:中一班 下午:中三班	上午:中二班 下午:中四班	周三	上午:中二班 下午:中四班	上午:中一班 下午:中三班
		周四	上午:小一班 下午:小三班	上午:小二班 下午:小四班	周四	上午:小二班 下午:小四班	上午:小一班 下午:小三班
		周五	上午: 小五班	上午: 小六班	周五	上午: 小六班	上午: 小五班

（二）"童趣课堂"的评价要求

"童趣课堂评价"以促进每个幼儿发展,促进教师自我成长来展开。"童趣课堂"评价体系的建立和实施,可以充分发挥评价的导向作用,促进教师转变教育思想,达到改进课堂教学的目的。（见表1-5）

表1-5 "童趣课堂"评价细目表

评价指标	评价类别	评 价 标 准	分值	评分
紧扣童趣	教学目标	1. 目标明确、具体、适宜,适合幼儿的身心发展特点。	6	
		2. 体现三维目标的整合性,具体明确,具有可操作性。	5	
突出童真	幼儿活动行为	3. 活动兴趣浓厚,积极参与、主动操作、感知。	6	
		4. 能积极参与活动,大胆回答问题。	6	
		5. 在活动中能表现出一定的探索精神。	6	
		6. 有自主学习、小组交流、合作学习的意识。	5	
		7. 每个幼儿都有不同程度的收获,多数幼儿能够完成活动目标要求。	6	
追随童思	教师教学行为	8. 教学方法、手段灵活多样,勇于改革和创新。	6	
		9. 运用先进的教育思想、手段、方法。	5	

评价指标	评价类别	评 价 标 准	分值	评分
		10. 关注活动生成，灵活实施计划。	5	
		11. 体现幼儿的主体地位和教师的主导地位。	5	
		12. 教态亲切自然、情绪饱满、富有感染力。	5	
		13. 语言准确、简洁、生动，语调高低、快慢适度，富于变化。	5	
引导童爱	教师素养	14. 教态亲切自然、情绪饱满，富有感染力。	6	
		15. 能够创设宽松民主的教学氛围，师幼关系融洽。	5	
		16. 注重幼儿学习习惯和良好行为习惯的培养。	6	
呵护童心	教师评价	17. 及时发现幼儿需求，面向全体的同时关注个体差异，体现因人施教。	6	
		18. 鼓励引导幼儿积极探索，运用过程性评价。	6	
本次活动亮点：		评价：	总分：	

二、设计"童乐游戏"，活跃学习氛围

"童乐游戏"强调的是顺应幼儿的自然发展，强调的是"过程""自我表现"和幼儿自主的活动，是以幼儿的快乐和满足为目的的，把游戏的主导权交给孩子，让幼儿乐在其中，乐此不疲。

（一）"童乐游戏"的课程设计

"童乐游戏"是幼儿追求快乐的游戏。弗洛伊德认为，游戏在儿童的情绪发展中，具有重要地位。"童乐游戏"可以为儿童提供一条安全的途径来发泄情感，摆脱消极情绪、减少焦虑、抒发情感、缓和心理紧张。游戏使儿童抛开现实，发展自我，满足现实中不可能实现的冲动和欲望，使心理得到补偿，游戏的目的是追求快乐。

"童乐游戏"是幼儿乐于参与的游戏。在"童乐游戏"中，幼儿有权自由选择，活动的形式和方法由幼儿来决定，幼儿的能力可以与活动难度相匹配，游戏以外不存在任何惩罚，是幼儿喜欢的、积极主动的、具有创造性的活动，幼儿在游戏中得到满足。

"童乐游戏"是幼儿乐此不疲的游戏。幼儿在这种无拘束、充分自在的、有趣的活动中,没有外来的心理压力,可以通过自己的努力获得成就感、消除消极情绪、产生积极情绪,从而变得更加乐观、自信、活泼开朗。同样,积极健康的情感也会让幼儿充满激情地投入游戏,在游戏中不断创新,乐趣无穷。

"童乐游戏"课程包含的是幼儿园的区域游戏和角色游戏,游戏的形式有班级共享式、分层联动式和全园共享式。在学年上学期,我们采取班级共享式的游戏方法,幼儿在本班进行区域游戏,满足幼儿个别化的学习,从而促进幼儿学习与发展的整体性。到了下学期,我们采取分层联动式的游戏方法,在同楼层和同年龄班联合开展区域游戏。活动开启后,教师在自己负责的区域巡回指导,幼儿可自主选择到同层联动范围内的任何区域参与活动。这样的活动能够让班级局限区域成为更广阔的学习空间,从而为幼儿提供更丰富的游戏材料。全园共享式的游戏形式则是打破班级和年龄的界限,幼儿根据幼儿园的五大场馆进行自主选择,促进幼儿之间的社会交往和经验学习。

"童乐游戏"的课程包含了幼儿园的七彩城游戏和创享童年游戏。(见表1-6)

表1-6 "童乐游戏"时间安排表

	星期一	星期二	星期三	星期四	星期五
下午3:00—4:00		七彩城游戏		创享童年游戏	
活动形式		班级共享式 (上学期) 分层联动式 (下学期)		全园共享式	

(二)"童乐游戏"的课程评价

每月月末,我们都会根据"童乐游戏"课程评价表进行认真的评价与分析,并提出具体改进建议,以确保活动目标的实现和活动开展的实效性,从而达到促进幼儿和谐发展的目的。在评价的同时,教师还要总结课程实施的经验和不足,通过不断反思查找原因,以使课程更加科学有效。(见表1-7)

表 1-7 "童乐游戏"的课程评价表

评价内容	评 价 标 准	评价等级（ABC）
材料准备	开放适度、支持跟进有效。	
儿童游戏	自主投入充分、想象创造、学有所获。	
观察指导	观察解读判断到位、介入支持互动有效。	
师幼关系	儿童充分自发、教师专业引发、融洽、和谐。	
开启和评价	有目的、有计划、有提升。	

三、推行"童馨生活"，浸润幼儿心灵

"童馨生活"指为幼儿提供健康、丰富的生活内容和活动环境，满足幼儿多方面发展的需要，使他们在温馨快乐的生活中获得有益于身心发展的经验。科学有序的生活活动，不仅能培养幼儿的自理能力，对幼儿身心发展也起到非常重要的作用。

（一）"童馨生活"的课程设计

"童馨生活"的课程内容来源于幼儿的生活世界，活动来源于幼儿生活，贯穿一日生活始终。在生活活动中，帮助幼儿习得良好的生活习惯，发展生活自理能力、交往能力。

"童馨生活"特色——倾听时光。"倾听时光"晨暮读活动选取古今中外经典的绘本，根据幼儿的年龄特点，有目标、有主题地开展阅读活动。每天的晨暮读时间为早饭和晚饭后，时间为 10—15 分钟。

"童馨生活"特色——唤醒耳朵。"唤醒耳朵"音乐欣赏活动指在饭前通过让幼儿倾听音乐，进而对音乐进行感受、体验、理解、创造与表现的活动。

"童馨生活"特色——交流时光。"交流时光"谈话活动利用零碎时间，通过谈话交流，培养幼儿良好的倾听习惯和表达能力，掌握并运用交流和表达的规则，初步学会谈话的技巧。

"童馨生活"特色——午后时光。"午后时光"下午茶设立在每周一下午孩子起床后。优美的环境、铺上漂亮的桌布、放上花瓶、摆上美食、一首美妙的背景音乐、学习使用果叉、学习给对方倒茶，互相聊一聊周末的见闻和感想，感受朋友带来的快乐！（见表 1-8、表 1-9）

表 1-8 "童馨生活"时间安排表

	倾听时光	唤醒耳朵	交流时光	午后时光
时间安排	每日早晚饭后 时间为 10—15 分钟	每周二、三、四午饭、晚饭前 时间为 10—15 分钟 就餐过程中伴随轻音乐	每周一、五午饭、 晚饭前 时间为 10—15 分钟	每周一午休后 2:30—3:30

表 1-9 "童馨生活"课程设置表

	倾听时光	唤醒耳朵	交流时光	午后时光。 （根据季节、天气调整食物内容）
小班上学期	主题:爱上幼儿园 《你好,幼儿园》 《汤姆上幼儿园》 《我爱幼儿园》 《幼儿园的一天》 主题:关于爱 《我爸爸》 《我妈妈》 《逃家小兔》 《我的爸爸叫焦尼》 《我爱你》	世界名钢琴曲纯音乐:《Summer》 《卡农》 《童年》	主题: 《我的爸爸妈妈》 《我能做》 《可爱的动物》 《我喜欢的水果》	目标:正确使用水果叉,食物不落地,保持桌面卫生。
小班下学期	主题:我的身体 《千变万化的手》 《牙齿大街的新鲜事》 《肚脐,你好吗?》 主题:情绪 《一只脾气暴躁的熊》 《妈妈发火了》 《生气汤》 《魔法亲亲》	交响乐: 《贝多芬第九交响曲》 《柴科夫斯基第六交响曲》 《马勒第二交响曲》	主题: 《我的假期》 《哭好还是笑好》 《糖果》 《我的名字》	目标:知道下午茶的基本礼仪,轻声交流讨论。
中班上学期	主题:友谊 《我们做朋友吧》 《天生一对》 《南瓜汤》	儿童剧音乐: 《天鹅湖序曲》 《天鹅湖》 《孤独的牧羊人》	主题: 《值日生》 《幸福的小事儿》 《想是……》	目标:下午茶前有意识自主摆放盘子、水果叉。进食中讲究礼仪,轻声交流。

	倾听时光	唤醒耳朵	交流时光	午后时光。 （根据季节、天气调整食物内容）
	《我有友情要出租》 主题:勇气 《勇气》 《第一次上街买东西》 《大黑狗》 《小黑鱼》	《野鸟情歌 Sky Of A Thousand Wing》	《结婚这件事儿》	
中班 下学期	主题:季节 《花婆婆》 《这就是二十四节气》 《海滩假日》 《风到哪里去了?》 《雪孩子》 主题:宫西达恐龙系列 《永远,永远爱你》 《我爱你》 《我是霸王龙》	各种乐器名曲: 小提琴: 《纪念曲》 《云雀》 大提琴: 《e小调大提琴协奏曲》 《杰奎琳之泪》 长笛: 《幽默曲》 《小夜曲》	主题: 《我们的身体里藏着什么》 《长大》 《朋友》 《吃这件事儿》	目标:下午茶前中后有自我服务意识,倒水自己操作。进食中讲究礼仪,轻声交流。
大班 上学期	主题:月亮 《月亮,你好吗?》 《月亮的味道》 《松树先生和月亮》 《月亮剧场》 主题:幽默 《喝洗澡水的大怪物》 《三只小猪不一样》 《肚子里的肚子里的肚子里有老鼠》 《胖子和瘦子》	竹笛名曲: 《荫中鸟》 《扬鞭催马运粮忙》 《喜相逢》 二胡名曲: 《二泉映月》 《光明行》	主题: 《想念》 《为什么要读书》 《趣事》《历史》 《屎粑粑》	目标:下午茶前中后有自我服务意识。知道食物对身体不同方面的益处。进食中讲究礼仪,轻声交流。
大班 下学期	主题:成长 《我也可以飞》	京剧: 《说唱脸谱》	主题: 《我的计划》	目标:下午茶前中后有自我服务意识。

倾听时光	唤醒耳朵	交流时光	午后时光。（根据季节、天气调整食物内容）
《长大以后做什么》《长大这件事》主题:离别《狮子和小鸟》《再见的味道》	《智取威虎山》《沙家浜》	《风景》《我的幼儿园生活》《我心中的小学》	尝试自主摆盘,创设各种造型。进食中讲礼仪,交流内容丰富有趣。

"童馨生活"特色——我们的约定。"我们的约定"幼儿自我管理、自我服务活动在每个班级进行,主要分为"班级公约"和"值日生"。教师应让幼儿主动参与活动,在活动中体验、积累经验、得到发展。

班级公约:幼儿在教师的引导下以小组讨论的方式,制定出一日生活中应当遵守的规则。幼儿用自己喜欢的方式表征规则的内容,之后教师和幼儿将这些规则整理总结,并体现在环境创设中。

值日生:教师根据一日生活内容,针对本班幼儿的经验水平,定出值日生工作的任务。引导幼儿如何分工,明确值日生的任务及要求,合理安排值日生的值日时间和值日内容。有效地帮助孩子树立自信、培养良好的劳动习惯、增强集体意识、培养社会交往能力、社会责任感、动手实践能力,让孩子在生活中得到学习与发展。

"童馨生活"特色——你我手拉手。"你我手拉手"家园共育是幼儿身心迅速发展的客观要求,也是社会的需要。"你我手拉手"的重点在于强调,家园教育要取得一致性的教育思想、观念,教育措施的一致性配合,实现共同的育人目标。(见表1-10)

表1-10 "童馨生活"——你我手拉手课程设置表

类别	课程目标	课程资源	活动设计
幼儿园与家庭	家长参与课程管理,建立家长学校,让家长更了解幼儿园的教育目标,从而达到家园共育。	1. 家长进课堂(警察、医生、教师等) 2. 家长委员会 3. 家长会 4. 家长开放日 5. 家长志愿者	1. 警察叔叔来了 2. 妈妈讲故事 3. 亲子活动 4. 安全标兵

类别	课程目标	课程资源	活动设计
幼儿园与社会	幼儿园与社会密切合作，综合利用课程资源，共同为幼儿的发展创造条件。	社区、公共场所（公园、图书馆）、文化资源（博物馆、科技馆）。	1. 春游、秋游 2. 图书馆里的奥秘 3. 参观消防队 4. 社区敬老院 5. 参观小学 6. 我爱看电影

（二）"童馨生活"的评价标准

根据"童馨生活"的课程意涵，综合幼儿一日生活及幼儿年龄特点、生活活动的总目标。（见表1-11）

表1-11　"童馨生活"的课程实施评价表

对象	评价内容	评 价 标 准	评价等级
幼儿	活动过程	1. 兴趣浓厚，态度积极认真。 2. 主动操作感知，不断尝试。 3. 幼儿没有无效等待。 4. 有与人交流的愿望。	
	幼儿表现	1. 获得愉悦自己的情感体验，形成健康向上的生活方式、生活态度。 2. 感受到友好、互相尊重。 3. 习得良好的生活习惯、发展生活自理能力、交往能力。 4. 在自然交往状态中发展利他合作精神。	
教师	组织过程	1. 顾及幼儿身心发展特点科学组织。 2. 利用偶发事件进行随机教育。 3. 开展形式多样活动，通过渗透养成好习惯。 4. 做中培养，注重真实情境中练习。 5. 尊重幼儿的主体性，让幼儿成为生活的主人。 6. 考虑个体差异，提出不同的要求。 7. 树立幼儿既是保育对象，又是学习和自我发展的主体的观念。 8. 重视一日生活中的每一个环节。	

对象	评价内容	评价标准	评价等级
	资源利用与开发	1. 学习吸收家庭教育经验,多种形式加强家园沟通。 2. 充分利用园内设施为幼儿创造自己动手、自我服务的机会。 3. 重视同伴之间的相互影响,以及保教人员的言传身教。 4. 充分利用自然环境和社区教育资源。	

四、推行"童跃运动",发展幼儿体质

游戏是幼儿获取知识的源泉,让幼儿在玩中学,在游戏中获得发展,是我们开展各项活动的宗旨。游戏是幼儿的生命,幼儿爱游戏,尤其喜爱户外游戏。户外是一个开阔的天地,在户外,他们会自然地玩,自然地成长,自然地获得各方面的发展。根据《指南》要求,把《指南》所倡导的先进教育理念和科学教育方法落到实处,将幼儿户外游戏联系到我园的教学实践中,以教科研实验来提高幼儿户外游戏质量,让幼儿身心发展获得全面提高、健康成长。

（一）"童跃运动"课程设计

我园的体能活动遵循儿童身心发展规律,为幼儿建立科学合理的运动生活,在充分满足幼儿身体发展需求的同时,丰富幼儿的活动内容。从我爱运动、游戏乐园、灵动时光三个板块设计,满足幼儿的健康目标。(见表1-12)

表1-12 "童跃运动"课程设置表

类别	基本经验	课程内容	内容示例
我爱运动	用动作模仿周围事物的形态和动作特征,感知运动节律的变化。	身体棒棒	根据音乐节奏的不同,以走、跳、跑的形式进行运动。
			操:徒手操、轻器械操、各种变化的动作节律。
游戏乐园	大胆进行各种身体的运动,体验各种肢体动作的可能性。	童年味道	走:踩高跷、拉个圈圈走走。 跑:老狼几点了、丢手绢、老鹰抓小鸡、滚铁环。 跳:跳房子、跳皮筋、欢乐蹦蹦跳、斗鸡。

类别	基本经验	课程内容	内容示例
		运动达人	基本动作：走、跑、跳、转、抛接、投、拍、悬、滚动、钻、攀爬、平衡。
		拥抱自然	滚草地、雨中行、水中嬉球、水中踩花片、放风筝、玩水枪、沙地寻宝、打雪仗。
灵动时光	借助各种材料和器械进行游戏，尝试新的内容和玩法，获得身体运动的经验。	玩转运动	单杠、跳马、平衡车、滚筒、拍球、爬楼梯、跳绳。

（二）"童跃运动"课程评价

根据"童跃运动"的课程设计，让幼儿在玩中学，在游戏中获得发展。提高幼儿户外游戏质量，让幼儿身心发展获得全面提高。（见表 1-13）

表 1-13 "童跃运动"课程评价表

评价内容	评价标准	权重分	得分
我爱运动	1. 幼儿能随着音乐的节奏做活动热身。	10	
	2. 幼儿在教师的带领下能动作标准做早操。	10	
	3. 教师带操精神饱满。	10	
	4. 早锻炼的内容达到了幼儿的运动量。	10	
游戏乐园	1. 能够主动地参加户外运动，动作协调、灵敏。	10	
	2. 能够独立思考和表述。	10	
	3. 教师提醒幼儿做好体能活动准备。	10	
	4. 教师参与到各自负责的运动区，做好游戏动作的指导。	10	
灵动时光	1. 熟悉各种器械，尝试在综合器材灵活、协调地完成钻、爬、攀、悬垂、滑动等动作。有协调自己身体的意识，敢于挑战，不怕困难。	10	
	2. 教师能在各自的区域，以正确的动作要求指导幼儿。	10	
合计得分		100	

五、做活"童画乐园",激活园所环境

园所环境是无形的教育、是园所内看得见的文化形态,对园所内每一个成员都起着潜移默化的熏陶和启迪的作用。我们充分挖掘园所文化中的"童画乐园",开发落实园所文化环境课程。

(一)"童画乐园"的课程设计

我们从提升幼儿的心灵品质出发,挖掘幼儿园乐享园、畅享园、创享园等处的资源,开发建设"童画乐园"的园所环境课程,让童画融入园所的各个角落,让每一寸空间都发挥它的教育价值。同时,用活课程资源,开展丰富多彩的活动。(见表1-14)

表1-14 "童画乐园"园所环境课程设计表

类别	课程目标	课程资源	活动设计
乐享园	利用园所围墙展示回幼文化,结合活动开展,使幼儿获得积极的情感体验,培养幼儿的亲社会行为。	(1)园所活动展示栏 (2)多民族文化	(1)民族一家亲 (2)我们身边的有趣故事
畅享园	将主题与图画结合布置廊道,结合开展相应的互动。	一楼大厅——阅读分享 二楼大厅——角色游戏 三楼大厅——运动 一楼廊道——认识自己、绘本推荐 二楼廊道——废旧材料大变身、水彩画展 三楼廊道——泥塑、水墨画艺术欣赏	(1)读书分享会 (2)民间艺术(泥塑、线描、剪纸、拓印画)
创享园	创设各具特色的班级氛围,开展合适的班级活动,陶冶情操,增强班级凝聚力。	(1)班级特色主题墙 (2)主题网络图 (3)爱国主题 (4)幼儿作品展 (5)活动角	(1)教室环境布置 (2)设计班规 (3)展示幼儿各类作品

在课时安排方面,以上课程每月至少一次,围墙文化与廊道文化课程整合到童趣课堂教学活动中去,班级文化课程整合到班级特色活动中去。

(二)"童画乐园"的课程评价

我们根据"童画乐园"园所环境课程的意涵,结合"最美廊道"和"最具创意班级"的评比活动,设计以下课程评价表。(见表1-15)

表1-15 "童画乐园"园所环境课程评价表

评价内容	评价标准	权重分	得分
环境布置	1. 主题鲜明,突出童画乐园文化内涵,具有创新精神和文化特色,有利于幼儿发展。	15	
	2. 能根据童味教育课程进度情况调整变化,各板块内容更新及时,内容丰富,有创新性、趣味性。	15	
	3. 能让幼儿主动参与,引发幼儿学习兴趣,幼儿喜欢幼儿园环境,心情愉快、师幼关系融洽。	10	
	4. 环境充满童趣、美化干净、符合幼儿年龄特点。	10	
活动过程	5. 活动主题突出,活动形式新颖,活动效果好。	15	
	6. 教师组织有序,幼儿主动参与,积极性高。	15	
	7. 与园本课程、特色课程有机整合,每月至少开展一次主题活动。	10	
	8. 每学期的展示时,幼儿能主动与墙面互动,体现廊道(围墙、班级)特色。	10	
合计得分		100	

六、创设"童雅节日",感受生活美好

"童雅节日"以幼儿的童年生活为本,借助幼儿园、社会和家庭资源,结合当前节日,通过多种活动方式帮助幼儿了解不同节日的风俗习惯和节日文化,促进幼儿的全面发展。引导幼儿关注生活,增强生活仪式感。遵循"以儿童为本"的课程观,让儿童成为课程的主人。

（一）"童雅节日"的课程设计

节日活动是一种特殊的文化资源,既是幼儿喜闻乐见的活动,又是重要的社会生活,有效利用节日资源是进行文化传承的重要教育途径。我园以传统节日、社会节日和园所特色节日为纽带,丰富园所文化,让幼儿感受不同节日氛围,熏陶高雅情趣,以节日文化滋润童心,促进幼儿健康发展。

传统节日课程。传统节日是在我国悠久的历史中延续和继承下来的民族文化,已经融入了幼儿的生活,是生活中不可或缺的一部分。它作为教育资源,融入幼儿教育活动当中。为让幼儿接受传统节日文化的启蒙教育,继承和发扬传统文化,我们开设传统节日课程,课程设置如下:(见表1-16)

表1-16 "童雅节日"——传统节日课程设置表

时间	节日	活动主题	活 动 内 容
一月	春节	欢喜过大年	赏年画、剪窗花、贴对联、拜年送祝福、我的新年愿望。
	元宵节	我们一起闹元宵	甜甜的元宵、DIY亲子灯笼、赏灯猜谜。
三月	清明节	清明融情,感恩润心	清明竖蛋、闪闪的红星(祭奠先烈)、踏青赏春色、绘风筝放风筝。
五月	端午节	小小粽子送真情	香甜的粽子(包粽子、吃粽子)、健康五色线、做香囊。
八月	中秋节	趣味中秋	制作创意冰皮月饼、月亮的秘密、伟大的宇航员、大家来赏月。
十二月	冬至	情暖冬日	饺子宴、黑夜白天谁更长、二十四节气歌、耳朵按摩操。

寄美好节日课程。寄美好节日内容丰富多彩,寄托了人们对美好生活的希冀。我园依托社会资源和家长资源,开展实践类的社会节日课程,课程设置如下:(见表1-17)

表 1-17 "童雅节日"——寄美好节日课程设置表

时间	节日	主题	活动
一月	元旦	快乐迎元旦	"我的变化可真大"心愿树、认识月历、我的元旦我做主。
五月	劳动节	劳动最光荣	勤劳的小蜜蜂、爸爸妈妈真辛苦、各行各业与工具
五月	母亲节	我爱妈妈	打扮妈妈、给妈妈"写"一封信、夸夸我妈妈、采访妈妈、和爸爸一起为妈妈做礼物
六月	儿童节	放飞童心，体味快乐童年	"六一"观影活动、"六一"家长汇演、大手拉小手（大带小传递温暖）
九月	教师节	老师您真好	抱一抱，这是我的老师、我为老师做件事、老师我想对你说
十月	国庆节	祖国妈妈我爱您	国旗国旗我爱你、伟大的四大发明、美丽中国

园所节日课程。园所节日是根据幼儿年龄特点、发展需要以及各年龄段幼儿的兴趣,生成的具有园所特色的节日活动。其课程设置如下:(见表 1-18)

表 1-18 "童雅节日"——园所节日课程设置表

时间	节日	活动主题	活动内容
一月（第一周）	回味美食节系列活动	享美食,回味无穷	1. 回味特色自助餐。 2. 品尝河南本土特色美食。
三月	童味绘本节	"悦"不可挡,阅读滋养童年	1. 旧书跳蚤市场。 2. 二十一天亲子阅读打卡分享。 3. 亲子原创绘本大赛。
四月	童味游乐节	亲近社会,亲近自然	1. 春天里的徒步旅行。 2. 换换玩具吧。 3. 走进儿童图书馆。
五月（第二周）	玩味节日系列活动	暖心童趣,玩味童年	1. 亲子户外游戏大循环。 2. 玩味游园会体验民间民俗。

时间	节日	活动主题	活动内容
九月	童味运动节	健康运动，快乐成长	1. 亲子趣味运动会。 2. 民间体育游戏分享。 3. 和爸爸一起玩游戏。
十一月	童味科技节	奇思妙想，玩转科学	1. "亲子科技小制作"展。 2. "科学小剧场"观看科学视频趣味短片。 3. 学讲科学知识小故事、科学家的故事分享。
十二月	童味艺术节	童趣无限，创意无限	1. "布一样"的艺术活动。 2. 果蔬拼盘秀。 3. 巧手十字绣。 4. 多彩的服装展。

（二）"童雅节日"的评价标准

根据"童雅节日"的课程意涵，我们综合课程活动方案设计，对活动时的课程实施、活动后的效果等情况进行评价。（见表1-19）

表1-19 "童雅节日"课程实施细目量表

对象	评价内容	评价标准	权重分	评价等级
幼儿	活动过程	1. 兴趣浓厚，积极参与，主动操作、感知。 2. 能积极表现，动手、动脑。 3. 大胆回答问题，有探索精神。	25	
	学习效果	1. 认真听取同伴意见，发表不同见解。 2. 善于质疑问难，体验学习成功的乐趣。 3. 能在活动中都有不同程度的收获，多数幼儿能够完成活动目标要求。	20	
教师	主题方案	1. 活动设计思路、脉络、主线清晰，紧密地围绕节日活动目标进行。 2. 节日活动结构安排合理，主次分明，重难点突出，时间安排合理，环节紧凑流畅。	15	

对象	评价内容	评价标准	权重分	评价等级
	活动实施	1. 节日教育方法、手段灵活多样,勇于改革和创新。 2. 在节日活动实施中及时发现幼儿需求,面向全体的同时关注个体差异,因人施教。	20	
	活动效果	1. 节日活动关注生成,能灵活处置计划。 2. 节日活动体现幼儿的主体地位和教师的主导地位。 3. 在节日教育过程中注重幼儿学习习惯和良好行为习惯的培养。	20	
合计得分			100	

总之,在推进"童味园课程"实施中,我们全面贯彻"童味教育"的教育哲学,立志实现"这里,有孩子们最难忘的童年"的课程理念。"童味园课程"正以"童趣课堂""童乐游戏""童馨生活""童跃运动""童画乐园""童雅节日"六方面入手践行"童味教育"。"童味园课程"实施的大幕已拉开,"童味园课程"的蓝图已描绘,我们坚信在"童味教育"的影响下,一批批"健康、活泼、敏学、乐群"的"快乐幼儿"正在茁壮成长!

（撰稿者:马要青　马丽娜　常璐　夏伟晨　朱凡钰　慎丽）

第二章

真实经历：学校课程的心路历程

从儿童立场出发，学校的课程规划着眼于儿童自身成长，以儿童生活环境为课程学习场景，以儿童自身的思考、对话为课程学习方式，让儿童在具体真实经历中发展自我。凡是儿童需要的、感兴趣的，尤其是随时随地在一起生活、学习过程中产生和发现的情景都应及时纳入到学校课程中来。在这样的课程规划活动中，儿童的经验受到了重视，儿童的学习与他们的生活实际、真实经历紧密联系在一起。

心之初课程：
在儿童的心弦上镌刻文化的密码

郑州市管城回族区南关小学位于管城回族区南关街 289 号。前身系一座名为"眼光神庙"的庙宇，1937 年改建为豫丰镇第一小学，曾用名向阳路一小，20 世纪 80 年代初改为南关小学。动建至今，已历八十年办学历史。学校现有 13 个教学班，儿童 660 人，专任教师 41 人。学校占地 3 400 平方米，建筑面积 3 770 平方米。学校设施齐全，有多功能教室、仪器室、实验室、图书室、阅览室、音乐教室、舞蹈室、美术室、微机室、录播教室（兼远程教育播放室）、心理咨询教室、创客空间等。为开展各种活动和促进儿童的身心健康发展提供了良好的条件。我们依据《教育部关于深化课程改革落实立德树人根本任务的意见》，推进学校课程建设，促进了学校内涵发展。

第一节　拨动儿童心弦的密码

　　"八大古都有郑州,郑州文脉在管城"。管城回族区历史悠久,文化资源丰富,是郑州市区内文物古迹最多的城区。而南关小学坐落在古代商城遗址——古城墙和河南省规模最大的清代建筑群——城隍庙周边,周围还有文庙、代书胡同等各具特色的古建筑群体,拥有深厚的历史文化底蕴。历史是一个民族的根,而教育则是创造丰盈精神的心灵之根。

一、学校教育哲学

　　心根教育,即倾囊相授即为"心",教学相长即为"心",尊重理解即为"心",唯有心与心的贴近和感知才能在灵魂深处产生共鸣。陶冶人格即为"根",培养能力即为"根",健全心智即为"根",唯有深深扎根于土壤的幼苗才能长成参天大树。根植于儿童心灵的教育即谓之心根教育。我们认为,教育是灵魂的事业。是直抵儿童灵魂的教育。教育之美在于心与心的交流,灵与灵的沟通。滋养孩子萌生于心间的嫩芽,润泽根植于精神深处的灵魂。与儿童心与心的呼应就像人们在群山之中得到的回声一样。教师对儿童心灵的高山呼唤,也会在儿童的心灵深处荡起涟漪,得到回应。所以,陪儿童站立在课堂的中央,蹲下来,俯下身子,以儿童的视角来观察这个世界,会领略到不一样的风景。回到儿童中去,才能发现每个孩子的独特之美。

　　文化是教育之根。每一片土地,每一所学校,每一间教室都是记录和传承这种丰厚文化内涵的载体。南关小学坐落在古代商城遗址——古城墙和河南省规模最大的清代建筑群——城隍庙周边,周围还有文庙、代书胡同等各具特色的古建筑群体,拥有深厚的历史文化底蕴。所以教育之根在于地域文化的演化与运用。

　　课程是教育的载体,孩子们在多彩的课程当中展开想象的翅膀,找到知识的源泉。在课程当中发现每一个独立个体的精神内核,打开儿童思想的大门,倾听儿童心灵的声音,启迪儿童人生的智慧,引领儿童走上独立的人生航向,踏上更加广阔的人生舞台。因此我们把学校课程理念确立为：在儿童的心弦上镌刻文化的密码。

我们的教育信条是：

我们坚信，

心跳是最美的教育语言；

我们坚信，

童年是心灵之根生长的原点；

我们坚信，

学校是生命的原野与精神的溪流；

我们坚信，

在儿童的心根处蔓延是教育最美的姿态；

我们坚信，

倾听每一个孩子的生命回响是教育的智慧；

我们坚信，

呵护儿童的精神胚胎是教师职业的神圣使命；

我们坚信，

在儿童的心弦上镌刻文化的密码是教育的真正价值。

基于上述学校教育哲学，我校办学理念是：倾听每一个孩子的生命回响。童心就像是荷叶上晶莹剔透的露珠，稍有不慎会随时滚落，碎落一地，再也无法复原，唯有小心翼翼才能呵护童心。呵护童心，就是呵护孩子生命的尊严，就是尊重每一个孩子的个性差异，聆听孩子心灵深处的每一处声音。教育可以是唤醒，是激励，但教育首先应该是尊重，是倾听。唯有作为教育者用心倾听才能感受到种子的发芽，幼苗的出土，花蕾的绽放，果实的成熟，孩子生命的回响。孩子的成长需要倾听，倾听是对孩子幼小心灵的呵护，倾听是教师对儿童差异的尊重和理解，倾听是教育者对孩子的耐心和宽容，倾听是对育人规律的遵循，倾听是开启孩子心门、让他拥有快乐童年的钥匙。

二、学校课程理念

每个儿童都有属于自己的密码。学校课程建设，就是因地制宜地创设一套属于儿童本身的文化密码。教育者只有用心观察、了解、研究、探索，才能破译这套文化密码。因此，我们把学校课程理念确立为：在儿童的心弦上镌刻文化的密码。其内涵如下：

——课程即精神发育。课程承载的是文化的种子，在儿童心灵深处播撒、萌芽、生长。让儿童在课程中能够感受来自师长的善意，感受学校对于生命成长的期待。让儿童的精神力量不断发育、生长、壮大。地域有局限，空间有大小，精神领域却可以无边无际，无拘无束。任孩子们带着美丽的梦，乘着自由的翅膀，翱翔在学校营造的浩瀚的精神宇宙中。让儿童在课程实践过程中，成长为自尊自爱、诚实守信、助人为乐、团结互助、勇敢无畏的精神化身。

——课程即个性生长。优秀的课程是让每个孩子都绽放生命的绚丽与精彩，不禁锢孩子的个性，尊重每个孩子的生命存在，满足每个孩子的需求，开启每个孩子的心智，滋养每个孩子的个性生长，守望每个孩子的花开时刻，在此基础上实现儿童发展的丰富个性。

——课程即儿童立场。陪儿童站立在课堂的中央，蹲下来，俯下身子，以儿童的视角来观察这个世界，创设个性课程，会领略到不一样的风景。回到儿童中去，才能发现每个孩子的独特之美。这是教育者的初心，也是课程的初心。不忘初心，方得始终。

——课程即文化密码。在课程中潜移默化地形成一种思想，一种习惯，一种行为。传承文化的精髓，延展文化的内涵，拓宽文化的视野。文化的烙印已经深深地镌刻在课程之上，课程形成着文化，而文化在课程中得以创生，二者相辅相成，相得益彰。让课程富有生命力，给文化以永不枯竭的源泉。

我们尊重每一个鲜活的生命个体，要与每一个孩子达成心与心的交汇，灵与灵的沟通。滋养孩子萌生于心间的嫩芽，润泽根植于精神深处的灵魂。让每一个孩子都得以蓬勃生长。因此，我们将"心根教育"下的南关小学课程模式命名为"心之初课程"。

第二节 倾听儿童生命的回响

学校秉承着"倾听每一个孩子的生命回响"的办学理念,在教育教学中传递生命的气息,关注生命的价值,感受生命的成长,追寻教育的本真,走内涵式发展的道路,不断创新教育形式,为每位儿童核心素养的提升尽责尽心。

一、育人目标

我校的育人目标是培养正气儿童、勇气儿童、灵气儿童、才气儿童。

——正气:品行端,有志气;

——勇气:体魄强,有活力;

——灵气:爱学习,有智慧;

——才气:兴趣广,有特长。

教育必须尊重孩子,尊重孩子们的选择,我们的心根教育就是为了让孩子全面发展、学有所长、个性鲜明、面向未来。正气让孩子符合基本的价值规范,养成良好的性格,能传承中华传统礼仪。勇气让孩子身心健康,阳光成长。灵气让孩子习得厚实的基础知识,具有解决问题的能力。才气让孩子们的视野更加开阔,热爱艺术和生活。努力培育能够担当时代复兴的时代新人。

二、课程目标

为更好地实现育人目标,我们把正气、勇气、灵气、才气这四类标准以学段为基准进行了分解,形成了低、中、高三个学段的课程目标。(见表2-1)

学校将秉承"心根教育"的教育哲学,全面贯彻党的教育方针,坚持以儿童的发展为本,提高儿童核心素养,深入实施素质教育,充分利用学校和社会的课程资源,优化课程结构,构建全面体现办学理念的特色教育体系。

表 2-1 "心之初课程"课程目标表

	正气儿童	勇气儿童	灵气儿童	才气儿童
一年级	遵守学校纪律,能使用基本的礼貌用语,团结同学,尊敬长辈,爱劳动,自己的事情自己做。	初步了解卫生常识;学会自我保护;积极锻炼,初步掌握动作规范,学会基本的身体活动方法及体育游戏。有积极乐观的心态。	学会学习,了解一些学习方法,善于思考,敢于提出问题,能够与他人合作;养成自主读书、认真书写的好习惯。	初步了解艺术的基础知识,具有健康的审美情趣和良好的道德情操。
二年级	遵守学校规定,遵守课堂秩序;能使用基本的礼貌用语,对人有礼貌;团结同学,尊敬长辈;爱护公物,爱劳动,学会自己的事情自己做。	初步掌握正确的卫生知识,养成良好的饮食习惯;学会自我保护;积极参加阳光体育锻炼,初步掌握动作规范,学会基本的身体活动方法及体育游戏。能够乐观向上地生活。	积极学习,初步掌握一些学习方法,善于思考,敢于提出问题,能够与他人合作;养成自主读书、认真书写的好习惯。学会解答问题。	对艺术产生兴趣和爱好,了解艺术的基础知识,具有健康的审美情趣和良好的道德情操。
三年级	正确地使用礼仪规范,遵守学校纪律;尊重他人;热爱劳动,积极参加劳动,富有责任感;养成热爱生活、乐观向上、勤劳朴素的态度。	能够科学用眼;初步学会合理安排课外作息时间;了解日常生活中的安全常识;树立保护生命的意识。积极参加阳光体育锻炼,每天不少于一小时,学会一定的体育技能;在体育活动中爱护和帮助同学。完善自我,保持身心健康,注重自身素养的发展。	能够主动学习,学会预习和复习;学会向别人请教,自主查阅资料,与他人协作解决问题。	欣赏优秀艺术作品;锻炼儿童思维;初步体会大自然的美感,激发儿童的创作欲望。

	正气儿童	勇气儿童	灵气儿童	才气儿童
四年级	自觉使用礼仪规范，自觉遵守公共秩序；在集体中互相尊重、互相谦让；热爱劳动，积极参加校园公益劳动，为集体做好事，富有责任感；养成热爱生活、乐观向上、勤劳朴素的态度。	能够科学用眼，初步树立食品卫生意识；了解体育锻炼对健康的作用，初步学会合理安排课外作息时间；了解日常生活中的安全常识，掌握简单的避险与逃生技能；初步了解生命的意义和价值，树立保护生命的意识。积极参加阳光体育锻炼，每天不少于一小时，学会一定的体育技能；在体育活动中爱护和帮助同学。完善自我，保持身心健康，注重自身素养的发展。	能够主动学习，积极思索，形成良好的预习和复习习惯；养成良好的听说读写的学习习惯；与他人协作解决问题。能够运用所学知识解决简单的生活问题。	欣赏优秀艺术作品，能够做简单的评价；通过启发联想训练儿童的创造性思维能力；能够体会周围生活和大自然的美感，激发儿童的创作欲望。
五年级	自尊自律，文明礼貌，诚信友善，宽和待人；懂得感恩；热心志愿服务，具有团队意识和互助精神；能主动作为、明辨是非，崇尚自由平等；热爱并尊重自然，具有绿色的生活方式。	初步形成健康意识；了解食品卫生知识，养成良好的饮食卫生习惯；掌握常见传染病基本知识和预防方法，树立卫生防病意识；初步掌握卫生保健知识；积极参加阳光体育锻炼，每天不少于一小时，学会体育锻炼中的自我监护，提高自我保护的能力。认知自我，保持身心健康，对自身发展有合理的规划。	具有积极的学习态度；养成良好的学习习惯；掌握一定的学习方法，乐学善用，勤于思考，能够将所学知识实际应用到生活当中，解决问题。	掌握一定的艺术知识；具有发现、感知、欣赏、评价美的意识，具有健康的审美价值取向；具有艺术表达和创意表现的兴趣和意识。

	正气儿童	勇气儿童	灵气儿童	才气儿童
六年级	自尊自律，文明礼貌，诚信友善，宽和待人；孝亲敬长，有感恩之心；热心公益和志愿服务，敬业奉献，具有团队意识和互助精神；能主动作为，履职尽责，对自我和他人负责；能明辨是非，具有规则与法治意识，崇尚自由平等，能维护社会公平正义；热爱并尊重自然，具有绿色生活方式和可持续发展理念及行动。	了解健康的含义与健康的生活方式，形成健康意识；了解营养对促进儿童少年生长发育的意义，树立正确的营养观；了解食品卫生知识，养成良好的饮食卫生习惯；掌握常见传染病基本知识和预防方法，树立卫生防病意识；了解青春期生理发育基本知识，初步掌握相关的卫生保健知识；了解日常生活中的安全常识，学会体育锻炼中的自我监护，提高自我保护的能力。认知自我，保持身心健康，对自身发展有合理的规划。	拥有积极的学习态度和浓厚的学习兴趣；养成良好的学习习惯；掌握适合自身的学习方法，乐学善用，能够将所学知识实际应用到生活当中，解决问题；具有终身学习的意识和能力。	具有艺术知识、技能与方法的积累；能理解和尊重文化艺术的多样性，具有发现、感知、欣赏、评价美的意识和基本能力，具有健康的审美价值取向；具有艺术表达和创意表现的兴趣和意识，能在生活中拓展和升华。

第三节 建构儿童生长的课程

为提高儿童的综合学习水平,提升每一个儿童的学习生活品质,在规范化实施国家课程的基础上,学校以"心之初课程"为抓手,致力于实现"正气儿童、勇气儿童、灵气儿童、才气儿童"的育人目标,建构了"心之初课程"的课程体系。

一、学校课程逻辑

基于学校"心根教育"教育哲学以及学校课程目标,设置了心之礼课程(自我与社会课程)、心之语课程(语言与表达课程)、心之思课程(科学与逻辑课程)、心之艺课程(艺术与审美课程)、心之强课程(体育与健康课程)等五大类课程。(见图 2-1)

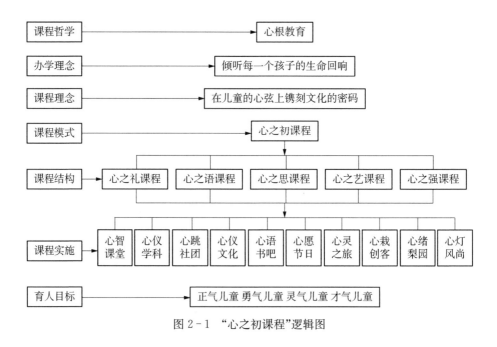

图 2-1 "心之初课程"逻辑图

二、学校课程结构

在"心根教育"哲学引领下,我们提出了"倾听每一个孩子的生命回响"的办学理念,以落实学生核心素养、促进学生全面发展为出发点和落脚点,践行"正气儿童、勇气儿童、灵气儿童、才气儿童"的育人目标,在充分整合国家课程、地方课程和校本课程的基础上构建了"心之初课程"体系。(见图2-2)

图2-2 "心之初课程"结构图

上图中,各板块课程如下:

心之礼课程:即自我与社会课程。它主要包括德育学科教学(道德与法治、品德与社会)、少先队活动、研学课程、节日课程、仪式课程、心理健康教育等课程。

心之语课程:即语言与表达课程。主要指的是语言与表达课程,包括语文、英语、阅读课程等课程。

心之思课程:即科学与逻辑课。主要指的是思维与创造课程,包括数学、科学创造、创客思维空间和模块拓展思维课程。

心之艺课程:即艺术与审美课程。主要指的是音乐、美术与戏曲等课程。包括艺悦音乐、旭日美术、戏曲等。

心之强课程:即体育与健康类课程。主要指的是体育、心理健康等课程,包括酷动体育、健康教育、毽球等。

三、学校课程设置

结合学校课程开展的实际情况,根据课程方案的整体规划,一至六年级的课程设置如下:(见表 2－2)

表 2－2 "心之初课程"课程设置表

课程名称	学期	心之礼课程	心之语课程	心之思课程	心之艺课程	心之强课程
一年级	上学期	仪式课程 节日课程	拼音碰对 趣味识字 品味汉字文化 诵读美文经典	进位加法课程 图形拼搭课程	认识节奏符号课程 撕一撕 画一画	体育健康课程 啦啦操课程 戏曲操课程
一年级	下学期	追寻红色足迹——二七纪念塔 节日课程	绘本演绎 经典阅读 快乐读书 校园识字	退位减法课程 换零钱课程	节奏训练课程 我们都是小厨师	队列队形课程 啦啦操课程 戏曲操课程
二年级	上学期	节日课程	看图讲故事 经典齐赏读 阳光阅读	我的时间我做主 搭配中的学问	玩转打击乐 三原色课程 高个子与大胖子课程 戏曲课程	基本体操 啦啦操课程 戏曲操课程
二年级	下学期	寻访商城古都——商城遗址 节日课程	成语故事 以诗会友 经典诵读	图形搬家 我是小小推理家课程	小乐器的制作课程 纸作品制作课程 奇妙的点线面课程 戏曲课程	韵律活动与舞蹈课程 啦啦操课程 戏曲操课程

课程名称	学期	心之礼课程	心之语课程	心之思课程	心之艺课程	心之强课程
三年级	上学期	传承文化经典——研学文庙节日课程	诵读经典 童话伴我成长 故事风暴 英语字母认读 英语字母书写	趣味编码 时间去哪了 走进倍增工程	简谱乐理 活泼的动物园 戏曲夏令营	小篮球游戏课程 啦啦操课程 戏曲操课程
三年级	下学期	仪式课程 节日课程	古诗词赏析 亲近成语 名著导读 单词拼读 主题词汇	找方向定位置 巧搭配课程 装修中的奥秘	简谱视唱课程 漂亮的建筑 戏曲夏令营	足球游戏课程 啦啦操课程 戏曲操课程
四年级	上学期	节日课程	神话故事阅读 学用《论语》 情景对话课程 初级听说课程	学而思课程 数与形课程	民族乐器课程 窗外的风景 戏曲文化节	跳跃课程 啦啦操课程 戏曲操课程
四年级	下学期	充实精神食粮之源——研学城隍庙节日课程	熟读成诵(诗歌)课程 听力复述课程 连词成句课程	数值运算课程 探索图形课程	西洋乐器课程 花丛中 剪纸 戏曲文化节	体操课程 啦啦操课程 戏曲操课程
五年级	上学期	节日课程	品读民间故事 华调吟诵古诗词课程 英文角色扮演 英文故事表演	思维训练课程 平面几何里的奥秘课程	中国音乐家介绍课程 战斗机 画瓷器 戏曲融合课程	投掷课程 啦啦操课程 戏曲操课程
五年级	下学期	与历史对话——走进河南博物院节日课程	名著赏析 "字"成方圆识字课程 英语日记 英语写作课程	数字里的奥秘课程 立体几何里的奥秘课程	外国音乐家介绍课程 机器人 飞天 戏曲融合课程	跳绳课程 啦啦操课程 戏曲操课程

课程名称	学期	心之礼课程	心之语课程	心之思课程	心之艺课程	心之强课程
六年级	上学期	关爱明天，普法先行 节日课程	金话筒课程 美文阅读 英文故事创作 讲英文故事	数形结合的探索课程 绘制简易地图课程	河南地方戏赏析课程 美丽的社区 纸艺 戏曲文化隐性	篮球课程 啦啦操课程 戏曲操课程
	下学期	仪式课程 节日课程	小小演说家 感知小古文 英语朗诵 英语演讲	生活中的统计 计算小能手	中国戏曲欣赏 珍惜生命之水 美丽的园林 戏曲文化隐性	足球课程 啦啦操课程 戏曲操课程

学校"心之初课程"全面贯彻"心根教育"的教育哲学，立志实现将"倾听每一个孩子的生命回响"的办学目标和"在儿童的心弦上镌刻文化的密码"的课程理念融入课程建设的各个方面的目标。

第四节　创设多元化的课程活动

学校"心之初课程"从"心智课堂""心仪学科""心跳社团""心愿节日""心怡文化""心灵之旅""心裁创客""心语书吧""心绪梨园""心灯风尚"十个方面入手践行心根教育哲学和"倾听每一个孩子的生命回响"的办学理念。课程评价是引领"心之初课程"开发的启明星,把握五大类课程设计的风向标,支撑课程实施效果的"伞骨架"。课程的实施与评价体现了对课程理念的贯彻与执行,是一个行动的过程,是通过课程行动将课程的意识形态转化为老师和儿童的行动,从而实现课程内在的意义。

一、建构"心智课堂",提升课程实施品质

"心智课堂"是学校"心根教育"文化基因的产物和实践,是心灵品质课堂。"心智课堂"是共生、生成、循序渐进、因材施教的课堂。

(一)"心智课堂"的实施路径

"心智课堂"是共生的课堂,它是师生关系的完美体现,是教学相长的平等对话,是民主尊重的多元互动,是优势互补的和谐交往。在具体操作上,"心智课堂"的师生关系要体现人与人之间广泛而积极的互动,在互动中沟通、补充、影响,从而形成师生的共识、共享、共进,达到共生的关系。

"心智课堂"是生成的课堂。这样的课堂发挥儿童的主体地位,满足儿童探求知识的欲望,展现课堂教学的真实性,体现教师的教学机智和教学艺术。在具体操作上,"心智课堂"的教学内容丰富,基于教材,立足学科素养,力争将课程变得更丰富,能够使儿童学以致用。

"心智课堂"是循序渐进的课堂。就如栽培树木一般,根据树木生长的情况作适量的灌溉。在具体操作上,"心智课堂"针对儿童的年龄特点,制定科学、适合的学科年段目标展开教学。

"心智课堂"是因材施教的课堂。在具体操作上,"心智课堂"要根据儿童不同的"开悟"程度和不同的个性特点来确定教学内容的多少、难易。

具体到课堂教学每个环节的实施,要求做到:首先目标明确,学习目标的制定要依据学科课程标准,依据学段教学目标,既紧扣三维目标的达成要求,又适合不同能力儿童的学习需要。其次教法灵活,教师在深度解读、分析教材,立足于儿童生活体验及学习需求的前提下,引导儿童的思维向深度发展。"心智课堂"是教学相长的课堂,教师是引导者,儿童是学习的主体。通过引领,儿童提升学习能力,收获积极的情感体验。教师也在根据儿童的反馈,不断调整,形成教学智慧。最后以研促教,通过不断反思来提升教育教学能力。集体备课、小组研讨促进了教师之间的沟通,集体的智慧既让年轻教师迅速成长,也不断打破成熟教师的固化思维,相得益彰、共同成长。

(二)"心智课堂"的评价

依据"心智课堂"的意涵,从教学理念、教学目标、教学内容、教学过程、教学效果等方面对"心智课堂"进行评价。(见表2-3)

表2-3 "心智课堂"评价表

课堂意涵	评价指标	评价标准	量化评分
因材施教	教学理念(10分)	以儿童为本,一切为了儿童的发展,以培养创新人才为宗旨。(3分)	
		以儿童为主体,儿童是学习的主人。(2分)	
		面向全体,因材施教。依据儿童不同才能、特长、兴趣和性格进行教学,使每个儿童都能在原有基础上得到发展。(5分)	
循序渐进	教学目标(10分)	符合新课程标准,适应儿童发展需要,体现知识与技能,过程与方法,情感、态度、价值观三位一体。(2分)	
		教学能从儿童认知基础、心理发展水平和思维水平出发,努力唤起儿童自身的经验和知识,以此激活儿童的思维。(3分)	
		教学目标设定从学情出发,贯穿于教学全过程。(3分)	
		能根据目标的需要删减、重组、整合并渗透、扩展和延伸。(2分)	
循序渐进生成	教学内容(10分)	正确理解并能创造性地使用教材,科学准确地精选终身学习必须具备的基础知识和技能。(2分)	
		教学内容与儿童生活以及现代社会和科技发展紧密联系,关注儿童的学习兴趣与经验。(2分)	

课堂意涵	评价指标	评价标准	量化评分
		教学内容充实有梯度,体现基础性、实践性、发展性,儿童能够主动参与知识形成的全过程。（4分）	
		课堂知识预设和生成关系处理恰切,对课堂生成信息能正确引导,培植生成新问题、新知识。（2分）	
共生生成	教学过程（40分）	教师能根据课堂教学进展情况与课堂生成的问题采取有效措施,调整课堂预设,满足儿童思维发展的需要,完成课堂教学任务。（5分）	
		教学情境创设新颖,教学活动设计科学得体,组织形式灵活多样,能激发儿童的学习动机,以问题为中心,引导儿童积极思考,主动探求。（5分）	
		突出学科思维方法,培养儿童自主、探究、合作、体验的学习能力。（5分）	
		教学结构合理,教学过程逻辑有序,能围绕重点目标留出儿童充分思维、充分想象、充分质疑和充分求异的时间。（5分）	
		不机械地照搬教案,不把儿童当作配合教师实现教案的工具,不出现毫无价值、即问即答的形式主义的问答,能从教学过程发展的实际出发动态调控教学。（5分）	
		师生人格平等,教师能尊重儿童人格、尊重儿童的自尊心、自信心、自爱心,鼓励儿童在师生、生生平等交往中展示自己的能力。（5分）	
		能用鼓励性评价对待儿童的课堂反应,用宽容的策略对待解答错误的同学,不用考试分数和等次羞辱、压抑和批评儿童,更不能体罚或变相体罚儿童。（5分）	
		教师用尽可能多的方法满足儿童在认知、生理、智能、情感、个性等方面的差异,注意给每个儿童提供活动、表现和成功的机会。（5分）	
共生	教学效果（30分）	儿童全员参与活动,课堂气氛和谐、民主、宽松、热烈,知情交融,教与学两方面都不断有激情产生。（8分）	
		儿童乐于动脑、动口、动手,儿童精神饱满,思维活跃,情感愉悦。（4分）	

课堂意涵	评价指标	评价标准	量化评分
		儿童做到独立思考学习与合作交流学习相结合,儿童能力得到提高。(4分)	
		儿童对教师提出的问题积极思考,对问题善于发表自己的独到见解。(4分)	
		师生分享彼此的思考、经验和知识,交流彼此的情感、体验与观念,达成共识、共享、共进,实现教学相长和共同发展。(10分)	

二、开设"心仪学科",落实学科拓展课程

学校以"心仪学科"来推进学科拓展课程的建设和实施。学科拓展课程是指教师根据基础课程自主开发的适合儿童自我需求的课程。"心仪学科"是将国家规定的基础课程和教师开发的拓展课程合在一起,形成的"1＋X"学科课程群。

(一)"心仪学科"的实施路径

"1＋X"学科课程群建设。"1"指的是一门基础型课程,"X"指的是教师围绕基础课程自主开发的基于儿童需求,指向核心素养突出学科特点的多门延伸课程。打造"心仪学科""1＋X"课程群,学校从两方面入手:一方面通过挖掘学科内部或学科之间的逻辑来构建专业的学科课程群;另一方面充分利用地域特色来渗透多门学科。各学科教师基于特色追求,根据对学科的独特理解、独特优势、独特资源,开发、打造拓展课程群。

1."灿烂语文"课程群建设

语文课程目标的设计着眼于语文学科核心素养的整体提高。《义务教育语文课程标准(2022年版)》中把语文学习分为"识字与写字""阅读与鉴赏""表达与交流""梳理与探究"等几方面内容,它们就像一朵花的朵朵花瓣,围绕着语文核心素养这颗"花蕊"。语文学科在教学中应致力于激发和培育每一个儿童热爱祖国语言文字的思想感情,丰富语言的积累,培养语感,发展思维,初步掌握学习语文的基本方法,养成良好的学习习惯,使他们具有适应实际需要的识字写字能力、阅读能力、写作能力、口语交际能力和综合性学习能力,全面提高儿童的语文素养,养

成基于正确价值观的审美情趣和文化感受能力，使他们逐步形成良好的个性和健全的人格，促进德、智、体、美诸方面的和谐发展。

依据《义务教育语文课程标准(2022年版)》，结合我校课堂教学改革和语文学科教学实际，设置"灿烂语文"拓展课程群。语文囊括了世间万物，凝结着人类智慧的结晶，就如灿烂的星辰，闪烁着夺目的光。只有让语言的光真正延伸放射在儿童的思维当中，才能让语文课程呈现出繁盛之姿，让每一个儿童都在繁茂的语文知识中拂去表层的尘埃，散发出璀璨而独特的光芒。我校"灿烂语文"课程通过构建"灿烂课堂"、开发"灿烂课程"、打造"灿烂社团"、设立"灿烂语文节"、研发"灿烂研学"等途径具体实施，以丰富儿童内心的语文世界。

根据儿童学习语文的规律和认识事物的规律，我们由浅入深、由易到难、循序渐进地安排课程内容。结合第一学段的"识字写字"教学重点，我校着眼于发展儿童的语言，以"看图识字""生活识字""诵读经典""乐讲故事""生字园游会""小小啄木鸟""小小演说家""丛林大闯关"等与识字相关的课程，为学习打下坚实的基础，引导儿童在交际中走向生活，在生活中学习交际，彰显语言教学的实践性。第二学段是儿童阅读的起步阶段，我们从培养学生浓厚的阅读兴趣、良好的阅读习惯入手，以"能说会道我最行""魔力写作转转转""神话故事汇""民间故事汇""演讲大舞台""故事漂流瓶"等与阅读、写作相关的课程，提高儿童的阅读能力和写作能力，为儿童终身发展奠基。第三学段的儿童已经掌握一定的语文基础知识和学习方法，为进一步提升他们的语文素养和学习能力，以"金话筒课程""皂荚树小剧场""小古文诵读""课本剧演一演""辩论大赛""环保小问卷""别样的童年""告别母校"等与现实生活贴近的课程，让儿童寻找大千世界里的语文，感受语文学习的快乐。

"灿烂语文"课程根植儿童的生活土壤，彰显儿童的生活本真，尊重儿童的个性需求，引领儿童的健康发展，努力让每个儿童在语文课程当中闪耀如星光般璀璨的光芒。

2."灵智数学"拓展课程群建设

《义务教育数学课程标准(2022年版)》指出，课程目标是通过义务教育阶段的数学学习，儿童能获得适应社会生活和进一步发展所必需的数学的基础知识、基本技能、基本思想、基本活动经验；体会数学知识之间、数学与其他学科之间、数学与生活之间的联系,运用数学的思维方式进行思考,增强发现和提出问题的能力、分析和解决问题的能力;了解数学的价值,提高学习数学的兴趣,增强学好数学的信心,养成良好的学习习惯,具有初步的创新意识和科学态度。因此,"灵智数学"课程致力于追求灵动、智慧的学习境界,通过勤思考、善表达、勇明辨、重实践、乐创新的学习过程,促进儿童数学素养的发展,达到学、用交融的目的。聚焦现实世界,着眼未来发展,提升思维品质,增强实践能力。

第一学段(一至三年级)。学校结合儿童的心智发育特点和认知规律设计了"图形拼搭""退位减""换零钱""我的时间我做主""搭配中的学问""图形搬家""趣味编码""走进倍增工程""找方向定位置""巧搭配"等丰富有趣的课程。教学中,通过开设丰富多彩的游戏活动调动儿童的学习热情;通过小组合作,培养儿童之间互帮互助的意识,学会倾听,知道尊重客观事实;通过观察和动手操作,儿童尝试从物体中抽象出几何图形,想象出图形的运动和位置的发展过程和轨迹;通过调查、统计,对获得的简单数据进行归类。

第二学段(四至六年级)。随着年龄的增长,学生的认识水平和心智成长都达到了一定的高度。学校设计了"学而思""数与形""探索图形""思维训练""平面几何里的奥秘""数字里的奥秘""绘制简易地图""生活中的统计"等课程。教学中,通过趣味计算培养儿童养成认真细致的习惯;利用数学原理方法解释生活中的数学现象;通过优化思想解释事件背后的数学原理。

3."5C英语"课程群建设

英语课程组的老师基于英语学科理念,以"1+X"课程群为指导,根据儿童需求,在教学过程中充分发掘教材与生活的联系,开发英语拓展课程群。《义务教育英语课程标准(2022年版)》指出,小学六年级结束时,学生应达到二级要求,即:对继续学习英语有兴趣;能进行简单话题的叙述;能在老师帮助下表演小故事或小短剧,能唱简单的英文歌曲,能写出简短的描述;在学习中乐于参与,积极合作,主动请教,初步形成对英语的感知能力和养成良好的学习习惯;乐于了解外国文化及习俗。兴趣是最好的老师,在英语初学阶段,最重要的就是培养学生的兴趣,以饱满的热情参与到课程中来。

三年级为英语初学阶段,设计了趣味ABC、演说达人、韵律英语等。主要是以儿歌的形式培养英语语感,以课上和课下两条主线进行英语儿歌的学习。在三年级和四年级教材中，每一单元的 Let's sing 部分，都是根据本单元内容编制的儿歌。教师会在每节课上课前和学生一起唱儿歌，作为课堂热身，学生们也会在多次的练习中熟能生巧，朗朗上口，增强语言意识，提高英语水平。

四年级围绕词汇达人、趣味配音、小小辩论家、我型我秀等课程来进行。教师们会根据教材内容，选定适当的题材，让学生们以小组为单位进行排练合作，并在课上进行表演展示。这样学生能将学到的英语知识真正运用起来，既能加强合作，又能了解外国文化，增强学生的跨文化意识。

《义务教育英语课程标准(2022 年版)》将提高学生的写作能力作为主要目标，五年级的孩子经过三、四年级的学习有了一定的英语基础，教师设计了小小播音员、英文角色扮演、知识大串讲等课程。英语写作课程可以以日记和作文为主要形式，根据单元主题进行写作。写作初期，教师可以在课堂上带领学生一起书写，为学生提供一个良好的示范，逐渐培养学生独立书写的习惯。在学期末，可以举行优秀作文展览，提高学生写作的热情，培养孩子的英语思维和英语意识。

六年级作为小学的最后一年，要着重增强学生的语言技能，即"听、说、读、写"的技能。六年级是听说读写能力全面发展的重要阶段。本阶段，教师要培养学生独立学习英语的习惯，根据学生的不同需求，设计了头脑风暴、书写我最棒、同住地球村等课程。对英文故事进行改编或复述，或采用英文演讲的形式，课前三分钟，学生们轮流展示自己的英语成果，或深情朗读文章，或进行英语演讲，注重语言意义，鼓励学生们多说多练，因材施教，使孩子们的英语知识和技能得到全面的发展。

4. "创智美术"拓展课程群建设

美术课程具有人文性质，是学校进行美育的主要途径，美术组教师针对不同年龄层次儿童的发展需要，进行课堂深度变革，以达到陶冶儿童的情操、提升审美能力、引导儿童的感知能力和形象思维能力、形成儿童的创新精神、促进儿童的个性形成和全面发展的目标。为在课堂中营造轻松的氛围，激起创新的火花，让儿童收获快乐，感受艺术的魅力，特开发了以下拓展课程群：

美术课程分为以下四个领域，分别为：造型表现学习领域、设计应用学习领域、欣赏评述学习领域、综合探索学习领域。美术课程群的开发应从这四个方面实施。

——"造型·表现"学习领域。观察、认识与理解线条、形状、色、空间、明暗、肌理等基本造型元素，运用对称、均衡、重复、节奏、对比、变化、统一等形式原理进行造型活动，增进想象力和创新意识。通过对各种美术媒材、技巧和制作过程的探索及实验，发展艺术感知能力和造型表现能力。

——"设计·应用"学习领域。通过了解设计与工艺的知识、意义、特征与价值以及"物以致用"的设计思想，知道设计与工艺的基本程序，学会设计创意与工艺制作的基本方法。逐步发展关注身边事物、善于发现问题和解决问题的能力。感受各种材料的特性，根据意图选择媒材，合理使用工具和制作方法，进行初步的设计和制作活动，体验设计、制作的过程，发展创新意识和创造能力。

——"欣赏·评述"学习领域。感受自然美，了解美术作品的题材、主题、形式风格与流派，知道重要的美术家和美术作品，以及美术与生活、历史、文化的关系，初步形成审美判断能力。学会从多角度欣赏与认识美术作品，逐步提高视觉感受、理解与评述能力，初步掌握美术欣赏的基本方法，能够在文化情境中认识美术。

——"综合·探索"学习领域。了解美术各学习领域的联系，以及美术学科与其他学科的联系，逐步学会以议题为中心，将美术学科与其他学科融会贯通，提高综合解决问题的能力。了解美术与自然、美术与生活、美术与文化、美术与科技之间的关系，进行探究性、综合性的美术活动，并以各种形式发表学习成果。

5. "艺悦音乐"拓展课程群建设

音乐是一种艺术，是培养儿童美好品德的重要工具，我们结合中小儿童音乐核心素养的培养目标，借助拓展课程群将儿童引领到音乐的精神圣地。音乐课程组教师依据课标、依托学情、依靠活动开发丰富多样的音乐课程群。音乐是一种艺术，是培养儿童美好品德的重要工具，我们结合儿童音乐核心素养的培养目标，借助拓展课程群将儿童引领到音乐的精神圣地。音乐课程组教师依据课标、依托学情、依靠活动开发丰富多样的音乐课程群。

一年级的"认识节奏符号课程、节奏训练课程"，是音乐课程内容领域二表现中创作实践的延伸，通过教学，儿童认识简单的节奏符号，能够用声音、语言、身体动作表现简单的节奏。

二年级的"玩转打击乐器课程、小乐器的制作课程"，是音乐课程内容领域二表现中演奏的延伸,通过教学,儿童能够用打击乐器参与演奏活动,会用自制乐器为歌曲伴奏,进而提高对音乐的理解、表达和创造能力。

三年级的"简谱乐理课程、简谱视唱课程",通过教学,儿童结合所学歌曲认识音名、音符、休止符及一些常用的音乐记号。教学中,通过参与音乐欣赏、音乐表演和音乐创作等实践活动来进行识读乐谱的学习。

四年级的"民族乐器课程、西洋乐器课程",通过教学,儿童能够认识常见的中国民族乐器和西洋乐器,并能听辨其音色,从而拓宽儿童的音乐视野,丰富音乐情感。

五年级的"中国音乐家介绍课程、外国音乐家介绍课程",通过教学,儿童聆听中外著名音乐家的代表作,了解其生平及对音乐文化的影响,以此来尊重艺术家的创造劳动,尊重艺术作品,并理解音乐文化的多样性。

六年级的"中国戏歌听赏课程、河南地方戏赏析课程",是音乐课程内容领域四音乐与相关文化中音乐与姊妹艺术的延伸,通过教学,儿童通过唱、听、表演河南地方戏及戏曲风格的戏歌,来传承并弘扬传统戏曲文化。

6."酷动体育"拓展课程群

学校体育课程依据"1＋X"课程群为指导,在健康第一的基础上实施素质教育,通过体育与健康基础知识、基本技能与方法,增强体能;学会学习与锻炼,发展体育与健康、实践与创新能力;体验运动的乐趣和成功,养成体育锻炼的好习惯,发展良好的心理品质、合作交往能力;提高自觉维护健康的意识,基本形成健康的生活方式和积极进取、乐观开朗的人生态度。

在教学过程中,水平一(一、二年级)的儿童知道所学运动项目或体育游戏的名称或动作术语:如在体育课堂上教师会组织儿童学习小篮球、小足球、乒乓球等适合儿童学习的球类游戏。儿童平常在课间也可以自行组织此类游戏,提高儿童的课余生活,增强儿童的身体素质。每节课组织儿童学习一些体操类活动的基本动作:如学习横队和纵队看齐、向左(右、后)转、立正、稍息、跑步、齐步走、站立、蹲立、仰卧、俯卧、纵叉、横叉等基本体操动作。在课堂上通过组织小组展示来提高儿童的积极性。每一个新内容结束会有阶段测试。

水平二(三、四年级)的儿童通过体验运动过程并初步了解一些运动现象:在课堂上教师通过50米赛跑比赛、拔河比赛、跳绳比赛等游戏来体验速度、节奏、力量、方向等运动现象。初步学会常见的球类游戏;提、球、绳等轻器核体操动作做出基本身体活动动作。如知道跑步、篮球、乒乓球的名称,以及滚翻、仰卧起坐等常见身体运动动作的名称或术语。每阶段结束进行测试和总结。

水平三(五、六年级)的儿童在之前体育课程中已经对体育运动项目有了明确的认知,所以水平三的儿童在学习中不断提高,技术上不断完善。如游戏活动中完成多种形式的走、跑、跳、投、抛、挥击、爬、钻、动和支撑等动作。多种个人和集体的舞蹈动作、韵律动作等。提高儿童的身体素质,增强儿童体能,发展儿童的良好品质。

(二)"心仪学科"的评价

我们根据"心仪学科"的意涵,从学科理念、学科建设方案、学科课程内容、学科课堂教学、学科教研等方面来对学科拓展课程群进行评价。(见表2-4)

表2-4 "心仪学科"课程评价表

评价项目	评价标准	权重分	得分
学科理念	科学先进,具有学科特色。	15分	
学科建设方案	基于学科特色;具有时代性、科学性、针对性;撰写方案逻辑性强。	20分	
学科课程内容	围绕学科核心素养进行准确定位,突出重点,内容丰富。	20分	
学科课堂教学	正确的教学目标;丰富的课堂教学活动;提高儿童的综合能力。	20分	
学科教研	常态的教学研究,进行深度的课后反思与学科课程开发实施评价。	25分	
合计得分		100分	

三、创设"心跳社团",发展儿童兴趣爱好

作为课程的重要载体,社团活动对于有效提升儿童综合素质、促进儿童多元化成长具有重要的现实意义。我们创建"心跳社团",让孩子们在各具特色的社团活动中,体验生活,提升素养,涵养心灵。

(一)"心跳社团"的实施路径

课程内容的确定:每学期开学前,每位教师根据自己的特长或爱好,结合所教

年级段儿童的年龄特点,确定一门课程,制定生活课堂计划和教案,制作招生海报。课程内容根据教师能力,每学期可做适当的调整。社团分为三类,心之语(语言类)、心之艺(艺术类)、心之强(运动类),还会有生活类如烹饪等课程开设。

语言类社团:戏剧表演、影视鉴赏等。

艺术类社团:五彩贴艺、手工发饰、玩转"废物"、彩泥、数字油画、音乐素养、航模、海模、五子棋、创意花束、"棋"乐无穷、针织、橡皮砖雕刻、木工、乐高、刺绣、手工发卡、手工串珠、梦幻刮画、沙盘画、绣鞋垫、少儿声乐、儿童画等。

运动类社团:篮球、毽球、啦啦操等。

课程具体实施:(1)学校教导处制定儿童问卷调查表,评估儿童兴趣发展需要,研究学校课程资源。(2)教师根据自身专业、能力自主申报课程,写出学期课程计划。(3)教导处对教师申报的课程进行审议,编写《南关小学校本课程目录和课程简介》,向全校儿童宣传、介绍课程设置。(4)课程教师制作海报,向全校宣传、介绍本课程简介、上课形式。(5)儿童分年级根据自己意愿选择课程,填写《南关小学校本课程报名表》,每人限报 3 个志愿,学校根据所报课程人数适当调整,最终确立每个课程设置人数不超过 20 人。(6)确定课程教室和儿童名单,确定活动场地。

(二)"心跳社团"的评价

我校的"心跳社团"课程,从社团机构与管理、活动组织与开展这两个方面进行评价,采用每周的活动开展情况评价与学期末的综合评价相结合的方式,开学初,每位教师要制定好学期计划,一定要按计划进行活动。教师每次上课前要认真备课,确保教学内容的系统性、连贯性;摆脱老师们在教学过程中的盲目性和随意性。每次上课时,教师要先点名,若出现无故缺席的儿童,教师要及时与班主任联系,弄清儿童的去向。教师要认真组织儿童活动,不得出现空堂现象。教师定期检查儿童的学习效果(根据活动特点,可以以不同的形式进行考察)。学校中层干部对老师们的上课情况进行检查,做好记录,定时公布检查结果。生活课堂的成果展示方式视课程内容而定,如:每年一次的美食节即是对烹饪课堂的成果检测;每年的六一儿童节前夕我们会举办读书节,届时,手工类的作品会陈列出来,进行展示,同时会有现场制作;运动类的课程我校会以校级对抗赛、外出打比赛与平时上课检查相结合的方式进行检测。具体评价标准如下表。(见表 2 - 5)

表 2-5 "心跳社团"评价表

项目	评价标准	得分	评估方法
社团机构与管理	1. 社团管理体制完善,机构设置合理,制定符合儿童实际的社团建设实施方案。(10分)		1. 实地查看 2. 材料核实 3. 师生座谈 4. 成果展示 5. 活动巡查
	2. 建立、健全并严格执行社团各项规章制度。(10分)		
	3. 社团会员人数适合,规模适度,成员资料档案齐全。(10分)		
	4. 指导教师认真负责。(10分)		
	5. 儿童社团要突出儿童的主体性和创造性,使儿童在社团活动中自治自理、健康发展。(10分)		
	6. 社团活动空间固定,环境良好有相应的文化建设。(10分)		
活动组织和开展	7. 经常和定期开展社团活动,组织有序、记录完善。(10分)		
	8. 社团活动内容丰富,形式多样,体现实践性和综合性,有利于培养和锻炼儿童多方面的素质,再现和表现校园文化精神。(10分)		
	9. 社团成员或集体活动成果显著。(10分)		
	10. 活动取得良好的教育效果,在儿童中有一定的影响。(10分)		
合计得分:			

四、创设"心愿节日",落实节庆文化课程

节庆文化课程借助"心愿节日",充分挖掘节日教育元素,开设多样的适合儿童个性发展的节日主题活动课程,激发儿童参与的兴趣,丰富儿童的经历和情感。

(一)"心愿节日"的实施路径

为浓郁校园文化,我校以传统节日、现代节日与校园节日相结合的方式,努力落实节庆文化课程。

传统节日课程。传统的节日具有丰富的文化内涵,民俗通过生活事项来表现文化,转化为日常生活和日常表演时,才使人可感可触,生动形象。我校开展的传统节日有:三月三风筝节(学校特聘风筝制作老师到校给孩子们讲解风筝文化、风筝制作方法;举办儿童风筝展;到城墙放飞风;制作手抄报等)、清明节(斗鸡拔河、

讲风俗、结合网上祭英烈等)、端午节(邀请多名家长到校包粽子、煮粽子,孩子们集体分享粽子、品百家粽)、中秋节(以班级为单位举办"品月饼、话团圆"活动)、重阳节(结合社区课程开展"爱在重阳"活动,到我们的帮扶对象、孤寡老人李西俊家里、到敬老院举办送温暖活动,发动儿童为家里的老人献孝心)、腊八节、冬至节(这是两个热闹的节日,低年级儿童家长送来了节日特色饮食,中高年级的孩子们在老师、家长的带领下集体熬制腊八粥、包饺子,听老师讲节日的来历)。我们以节日课程为依托,通过体验节日文化习俗的方式,开展"精神寻根"活动。

现代节日课程。现代节日包含着人们对美好生活的寄托和希望,我们开展"现代节日课程",引导儿童关注生活,增强生活仪式感。(见表2-6)

表2-6 "现代节日课程"设置表

时间	节日	主 题	活 动 实 施
一月	元旦	新年新气象	1. 许下一个新年愿望 2. 定下一个小小目标
三月	妇女节	妈妈,我爱您!	1. 亲手给妈妈制作一张贺卡 2. 为妈妈做一件力所能及的事 3. 和爸爸一起给妈妈送惊喜
五月	劳动节	劳动最光荣	1. 我是社区服务小能手 2. 我身边的劳动模范 3. 评选班级劳动小模范
六月	儿童节	阅读丰盈童年	1. 六一遇上读书节 2. 用舞台剧演绎阅读的书目
七月	建党节	红领巾心向党	1. 学习党的历史 2. 观看红色影片 3. 我身边的党员
八月	建军节	拥军爱军	1. 走进军队 2. 讲革命故事比赛 3. 赠送拥军大红花
九月	教师节	老师,您辛苦了!	1. 出一份爱师手抄报 2. 说一句感谢老师的话

时间	节日	主　题	活 动 实 施
十月	国庆节	祖国妈妈，我爱你！	1. 学唱国歌 2. 国旗国旗我爱你 3. 爱国歌曲合唱比赛 4. 我做升旗手

校园节日课程。校园节日是以儿童的校园生活为依托、由儿童自主设计的校园文化课程，充满了仪式感，增强了儿童的责任心和参与度。（详见表2-7）

表2-7 "校园节日课程"设置表

时间	节日	主　题	活 动 实 施
三月	体育节	创意运动会	体育达标项目组合、亲子运动项目
四月	美食节	享受美食，快乐成长	美食介绍、美食展示、美食销售、厨神争霸赛
五月	读书节	走进童话、绘本阅读、古诗新韵、魔幻城堡	读书之夜、图书传递、原创绘本展示、阅读演绎
六月	英语节	English 玩着学	英语情景对话、英语舞台剧表演、英语游戏、兑换奖品
九月	语文节	语文玩着学	各年级语文游戏、兑奖
十月	创客文化艺术节	玩转梦想，玩出未来	科技大篷车、科学实验、创客作品展示及制作、科学知识问答、科学小实验、节目展示
十一月	游戏节	游戏童年	传统游戏、各班游戏展示、教师游戏大比拼
十二月	数学节	数学玩着学	数学实验、各年级数学游戏、兑奖

（二）"心愿节日"的评价

根据"心愿节日"课程意涵，我们综合课程活动前的方案设计、活动时的课程实施、活动后的活动效果等情况进行评价，具体如下。（见表2-8）

表2-8 "心愿节日"评价表

评价内容	评 价 标 准	权重分	得分
方案	1. 主题鲜明、立意新颖、寓意深刻,具有时代性、科学性、针对性、实效性、教育性。 2. 内容贴近社会现实、贴近学生实际生活、贴近学生身心发展规律,紧扣主题,突出重点。 3. 活动设计有特色有创意,体现课程的实践性、自主性、综合性、创造性和趣味性。	30	
实施	1. 情景设计合理,操作性强,能体现综合运用知识的能力。 2. 依据所确定、分解、细化的具体内容选择活动。 3. 按照"近、亲、实"的原则选择活动。 4. 采取多种形式呈现。 5. 设置拓展性、开放性的、能给以学生思考空间的问题,引导学生体验和感悟。 6. 面向全体学生,关注学生的个性和差异,注重培养学生的实践能力,教育作用明显。 7. 师生互动,学生参与面广,能充分体现学生主体、教师主导的课程理念。	40	
效果	1. 活动目标明确,有明确的导向和时代性。 2. 活动形式新颖、独特、多样,让学生充分展示自我。 3. 促进学生身心健康发展,学生情感态度价值观得到转变。 4. 学生有认识,有感悟,自我教育能力得到增强。	30	
合计得分		100	

五、做活"心怡文化",建设校园隐性课程

校园环境是无形的教育、无字的教科书,是学校内看得见的文化形态,对校园内每一个成员都起着潜移默化的熏陶和启迪作用。我们充分挖掘校园环境中的"心怡文化",开发落实校园环境课程。

(一)"心怡文化"的实施路径

我们从提升儿童的心灵品质出发,挖掘校园围墙、廊道、班级等处的资源,开发建设"心怡文化"的校园环境课程,让心怡文化融入校园各个角落,让每一寸空间都发挥它的教育价值。同时,用活课程资源,开展丰富多彩的活动。

南关小学是一所小学校，唯一的一栋教学楼也"历史悠久"了，为了美化校园、突出亮点，我校聘请专业人员设计了公德养成教育围墙文化、魔方屋创客空间、戏曲围墙、创客实验室等，又先后改建了教师阅览室、绘本室，初步建设完成后又为校园、办公室购置了花草，进行绿化。校园美了，环境的保持也非常重要，全体师生总动员打扫卫生，尤其是角落里的卫生。付出就会有收获，如今整个校园焕然一新，面貌得以改善。接下来大队部也对每个班级进行了详细的布置，每日检查，毫不松懈，让"美丽校园，从我做起"的理念深入人心。

在课时安排方面，以上课程每月至少一次，围墙文化与廊道文化的课程整合到社团活动或学科拓展课程群教学活动中去，班级文化课程整合到班队会课中去。

围墙文化。学校的围墙文化氛围浓郁，由戏曲、创客、健康、美食、文明等板块组成。

教室文化。每个教室门口都有班级合影，教室里面除了社会主义核心价值观的展示外，还有主墙面为"学习园地"，由各班主任负责个性化、人文性设计，要求班级文化建设有切合实际的实施方案，凸显主题，个性鲜明。

廊道文化。四层教学楼每层一个主题，有科学技术，更多的是图书推荐。一、二楼的墙面留给孩子们来涂鸦，每学期更换一次。每学期开学初，班级先设计图稿，经大队部审核通过后，孩子们就大展身手，在墙上刻画美好青春。

厕所文化。我校的厕所文化也是一大亮点。学校通过"校园厕所文化我设计""文明厕所我美化"等系列活动，让师生尤其是儿童自己动脑、动手设计厕所海报、标语口号、厕所文化作品；另一方面，在厕所管理与维护工作中，学校尝试轮流值日制度，指导儿童亲自参与厕所的清扫与维护。厕所管理与维护工作既可以让儿童在劳动和管理中体会到劳动的艰辛与合作的重要，又可以让他们懂得感恩和热心公益，最终实现净化心灵和陶冶情操的教育目标。

校园精神文化。校园精神文化建设是校园文化建设的核心内容，也是最高追求，主要包括校园历史传统和被全体师生员工认同的共同文化观念、价值观念、生活观念等意识形态，是一所学校本质、个性、精神风貌的集中反映。具体做法如下：

充分利用各种契机，对儿童进行爱国主义教育。坚持每周的国旗下讲话制度,认真做好节庆活动。

利用班队会,经常对儿童进行日常行为习惯的养成教育和校情教育。坚持开好"两会"(晨会和班会),精心组织主题班队会。

创建红领巾广播站,及时播放校园新闻和优秀稿件,不断优化校园音响系统,上下课电铃设为动听的音乐铃声,课前进行温馨提示,课余时间要播放轻松欢快的音乐或歌曲,让师生在其中得到美的享受。

创办校报,每年两期,展现全校师生精神风貌,搭建师生展示平台。

积极开辟第二课堂,定期举办"校园节日"(读书节、戏曲文化节、创客节、美食节、游戏节、运动会等),不断丰富校园文化生活,陶冶师生道德情操。

实施特色大课间活动,集安全演练、文明礼仪、体质锻炼于一体,努力构建"平安校园""和谐校园"。

积极开展读书活动,努力营造"书香校园"氛围。每班成立"图书角",方便进行"图书进班级、图书传递"等活动;学校设有阅览室,走廊陈列开放式书架,实行班级管理的借阅办法,让每个儿童都能"好读书、读好书、书读好"。

做好"南关榜样"颁奖典礼,认真做好每年度的优秀教师评选工作,实行奖励颁奖词制度,从多方面激励教师积极进取,努力打造"求真、务实、开拓、创新"的校园团队精神。

认真做好儿童校园明星评选宣传工作。《国家基础教育改革纲要》指出:要建立促进儿童全面发展的评价体系。评价不仅要关注儿童的学习成绩,而且要发现和发展儿童的多方面潜能,了解儿童发展中的需求,帮助儿童认识自我,建立自信,发挥评价的教育功能,促进儿童发展。为此,我校遵照"全方位赏识儿童,给每一位儿童成功的机会"的评选号召,启动了校园明星评选活动。评选内容有:学习明星、道德明星、进步明星、礼仪明星、才艺明星、五彩之星等,用"我是明星,我能行!"板块进行专项宣传,精心打造南关明星的"星光大道"。

打造"爱生、重效、格高、业精"的教育团队精神。学校紧紧围绕"科研兴教、质量立校"的宗旨,狠抓校本培训,采取"经验交流、案例分析、课堂研讨、推门指导"等形式,提高教师教学能力;用每周二的集中教研学习制度,渗透"终身学习"的思想理念;积极开展校本教研活动,争取机会,搭建平台,走出去、请进来,每学年要求教师做到"六个一",即:一个教育故事、一份教学设计、一节汇报课例、一篇课后反思、一本听课记录、一套学习材料。通过教师的实践与反思、合作与交流和专家的专业引领等形式，不断促进教师的专业成长。

（二）"心怡文化"的评价

我们根据"心怡文化"校园环境课程的意涵，结合"最美涂鸦墙"和"最美班级"的评比活动，设计以下课程评价表。（见表2-9）

表2-9 "心怡文化"校园环境课程评价表

评价内容	评价标准	权重分	得分
环境布置	1. 主题鲜明，突出学校心怡文化内涵，陶冶师生情操。	15	
	2. 各栏目(版块)内容更新及时，内容丰富，有时代感。	15	
	3. 墙面(地面)干净整洁，无卫生死角。	10	
	4. 文字内容无错别字。	10	
活动开展	1. 活动主题突出，活动形式新颖，活动效果好。	15	
	2. 教师组织有序，儿童积极性高。	15	
	3. 与学科教学、班队会活动有机整合，每月至少开展一次主题活动。	10	
	4. 每学期展示时，儿童解说流利，体现廊道(围墙、班级)特色。	10	
合计得分		100	

六、推行"心灵之旅"，落实研学旅行课程

"读万卷书，行万里路。"自古以来，我国就有实践求真知的优良传统，从春秋战国时期孔子带弟子周游列国，到新文化运动时期陶行知先生"做中学"的教育理念。虽然时代不同，但都包含了学习场域的转换，即从学校、课堂中解放出来，到大自然、社会中寻找知识的真谛。《中小学综合实践活动课程指导纲要》中明确指出"研学旅行课程"是基础教育课程体系的重要组成部分。小学阶段要通过亲历、参与少先队活动、场馆活动和主题教育活动，参观爱国主义教育基地等，获得有积极意义的价值体验。

（一）"心灵之旅"的实施方法路径

我校的研学主题定为"魅力管城，我的家"。同学们在老师及热心家长的带领下，从了解学校开始，走访北大清真寺，游历古城墙、城隍庙、文庙，共同探寻管城

悠久的历史文化。用脚丈量,用眼观赏,用手触摸,用心感受,在研学课程中,让孩子们了解家乡文化背景和厚重历史,使其感受到了本土的历史文化风貌。具体"心灵之旅"活动安排如下表。(见表2-10)

表2-10 "心灵之旅"课程设置表

实施年级	课程内容	课程目标	实施方法
一年级	二七纪念塔	1. 开阔儿童视野,拓宽儿童思路,丰富儿童综合知识,增加儿童对家乡文化的认知。 2. 了解二七纪念塔的地理位置、政治、文化、经济、历史等有关知识。 3. 了解二七大罢工的历史背景,认识二七大罢工的工人领袖。参观当时所遗留下来的历史物件。	1. 参观二七塔。 2. 听讲解员介绍。 3. 举行入队仪式。
二年级	商城遗址	1. 开阔儿童视野,拓宽儿童思路,丰富儿童综合知识,增加儿童对家乡文化的认知。 2. 让儿童了解到郑州商代遗址的历史文化底蕴,发扬我国优良传统。	1. 参观商城遗址。 2. 观摩青铜器制造过程。 3. 绘制示意图。
三年级	文庙	1. 开阔儿童视野,拓宽儿童思路,丰富儿童综合知识,增加儿童对家乡文化的认知。 2. 让儿童见证文化,梳理感觉,深刻体会感受文庙强大的历史、艺术和科学价值。	1. 参观文庙。 2. 听老师讲解。 3. 完成小组任务。
四年级	城隍庙	1. 开阔儿童视野,拓宽儿童思路,丰富儿童综合知识,增加儿童对家乡文化的认知。 2. 让儿童了解城隍庙的历史及其当时的历史地位和用处。	1. 参观城隍庙。 2. 听老师讲解。 3. 完成小组任务。
五年级	河南博物院	1. 开阔儿童视野,拓宽儿童思路,丰富儿童综合知识,增加儿童对家乡文化的认知。 2. 了解家乡的悠久的历史和厚重的文化。	1. 参观河南博物院。 2. 听讲解员讲解。 3. 完成小组任务。

实施年级	课程内容	课程目标	实施方法
六年级	管城区青少年普法中心	1. 开阔儿童视野,拓宽儿童思路,丰富儿童综合知识,增加儿童对家乡文化的认知。 2. 加强儿童的法治观念,构建和谐的平安校园。 3. 使儿童对《未成年保护法》知识有更深的认识。	1. 参观普法中心。 2. 进行法制教育讲解。 3. 体验模拟法庭。

（二）"心灵之旅"的评价

"心灵之旅"的评价注重以下几个方面:

（1）活动实施要全面。参与社会实践的班级和个人,首先要确保安全,每次活动时都要制定切实可行的安全措施和安全预案,并指定专人负责。充分利用网络资源,同时要利用网络和图书资源,及时获取自己所需要的内容。其次注意自身形象,认真参加活动,为学校和个人树立良好的社会形象。

（2）活动过程有目标。社会研学活动原则上要就近就便,在管城区范围内开展活动,从管城区所特有的河南文化特色入手,带领儿童近距离感受河南文化的厚重,在浓厚的文化历史底蕴中激励儿童。

（3）活动效果要反馈。研学旅行结束之后,各个班级和年级分享活动收获,书写感悟征文,学校根据家长和儿童的反馈,了解活动的效果,并给参与活动的老师做总结分析会。

"心灵之旅"的评价如下表。（见表2-11）

表2-11 "心灵之旅"评价表

评价项目	评价标准	权重分	得分
课程设计	明确的研学目标、研学内容、评价方式;体现实践性和创新性。	15分	
课程实施准备	准备充分;过程中关注儿童综合素养的培养与课程教师的专业成长。	15分	

评价项目	评 价 标 准	权重分	得分
课程实施安排	有利于研学旅行课程内容的深度有效学习及多种学习方法的内化。	20 分	
课程实施体验	儿童在最真实的场景下有独特、丰富的体验。	20 分	
安全保障	安全方案与应急预案制定合理；处理突发事件及时，师生安全有保障。	15 分	
儿童评价	对儿童进行形成性评价和发展性评价。	15 分	
合计得分		100 分	

七、创设"心裁创客"，落实创客教育课程

创客文化日新月异，创客理念深入人心，创客活动蓬勃开展，创客空间纷纷建立。对于学校而言，"心裁创客"是实施素质教育，培养儿童创新、动手、实践能力的最好载体，它的价值在于创造一个环境，用于培育儿童的思维创新习惯。

（一）"心裁创客"的创设路径

学校将创客教育与国家课程、校本课程、学校创意活动相融合的方式，使创客教育渗透到儿童的整个学习过程，使儿童在玩中学、学中思，充分调动儿童创新意识。在做创客教育课程设计时，我校以儿童为中心，结合学校实际情况，找准方向，开设木工创客课程、激光雕刻创客课程、greenpower 车模创意制作创客课程、乐高创客课程、机器人创客课程、航模海模创客课程。

学期初儿童根据自己的兴趣、特长自己选择喜欢的创客课程。每周一—至三年级的儿童、周五四至六年级的儿童实行走班上课。教师根据自己担任的创科课程学期有课程纲要、教学有教案、课后有反思。每学期要举行一次创客展示活动。通过创客课程的开展，孩子了解学科知识、工程、技术、科学和艺术。通过孩子动手拼装、动脑思考，演讲介绍、外务联系等，鼓励他们用不同的方法解决问题。让他们不断探索多种抽象理念在实际中的可能性，以激发孩子们的兴趣，启发孩子们潜在的创造力，提高他们合作、沟通和动手的能力，建立孩子的自信心和成就感。

（二）"心裁创客"的课程评价

我们设计以下评价表来评价教师和儿童,以了解课程实施效果。(见表2-12)

表2-12 "心裁创客"课程评价表

评价对象	评价内容	评价分值	实际得分	总分
学习者	1. 项目学习中,创造协作能力、发散思维、解决实际问题的能力得到训练与提高。	20		
	2. 成果分享时,不仅会表达激情,还会向同伴传达重要知识;不仅会欣赏,还会创造性地激发对方。	15		
	3. 会反思自己发现了什么,提出新的理论,明确下一步的做法。	15		
教育者	1. 在课程设计与组织教学时,有具体的课程目标,明确的项目要求。	15		
	2. 会使用多样化、实用性强的质性评价手段(档案评估法、观察法、表现性评价法),注重过程性评价,采用学分制的计分方式。	20		
	3. 鼓励儿童大胆尝试冒险,激励儿童不断创新。	15		
合计得分			100	

八、创新"心语书吧",全面推进阅读课程

"只要阅读,我们就能拥有最高贵的生命状态",用一种儿童喜欢、难忘的活动,把孩子带进书中,让孩子享受"悦读"带给他们的愉悦和幸福——这是我们推广阅读的初衷。

（一）"心语书吧"的实施路径

我校开展"心语书吧"阅读课程,遵循"开放、多元、悦读、分享、传递、幸福、习惯"的原则,积极开展"幸福的阅读生活"课程,为儿童终身阅读奠基。

阅读课程。晨诵午读,通过固定时间、固定形式的阅读,让孩子们用诗歌迎接黎明,浸润、净化孩子们的心灵;培养孩子们阅读的习惯以及班级凝聚力和成就感。阅读巡讲课,教给孩子们阅读课外书的方法,引导儿童有效阅读,提高阅读的

深度,同时也减轻了老师的备课压力。

亲子阅读。妈妈故事会,动员家长投入到亲子阅读的行列中来,营造书香家庭氛围。

读书节活动。图书传递,通过"图书传递"活动向同学们推荐一本本好书,让孩子们养成阅读的好习惯。读书节展示,内容丰富,培养儿童的综合能力。浪漫的读书之夜,让儿童爱上阅读,觉得读书是一件幸福而美好的事情。

积累知识,充实文化底蕴,丰富精神生活,为其终身发展奠定坚实基础。

(二)"心语书吧"的课程评价

"心语书吧"课程设置的目的在于激发儿童的阅读兴趣,培养儿童良好的阅读习惯。要求读得有趣,读得扎实,读得有效,读得持久。(见表2-13)

表2-13 "心语书吧"课程评价表

评价项目	评价标准	权重分	得分
课程设计	明确的阅读目标、阅读内容、评价方式;体现趣味性和创新性。	15分	
课程实施准备	准备充分;过程中关注儿童综合素养的培养与课程教师的专业成长。	15分	
课程实施安排	有利于阅读课程内容的深度有效学习及多种学习方法的内化。	20分	
课程实施体验	儿童在特定的阅读环境下场景下有独特、丰富的体验。	20分	
儿童评价	对儿童进行形成性评价和发展性评价。	30分	
合计得分		100分	

九、扎实推进"心绪梨园",传承民族经典文化

为深入贯彻落实《国务院办公厅印发关于支持戏曲传承发展若干政策的通知》《文化部办公厅关于进一步做好戏曲进校园工作的通知》精神,大力弘扬传统文化艺术,推动民族经典文化传承,拓宽儿童学习艺术空间,打造校园文化教育特色,让传统文化经典在我校发扬光大。

（一）"心绪梨园"的实施路径

我校开展"心绪梨园"课程，遵循"教育性原则、学习与欣赏相结合的原则、普及与提高相结合原则、校内与校外相结合原则"。举办儿童课外活动、兴趣小组活动、专题讲座、示范观摩等多种形式，有效地推进戏曲艺术教学和欣赏活动的开展。寓教于乐，寓教于学，寓教于练，引领儿童接受优秀民族文化熏陶，营造"向真、向善、向美、向上"的校园文化。

戏曲文化学习课程化：开设戏曲学习课程，将戏曲文化融入学校艺术课堂教学中，把戏曲文化作为学校艺术教育课程资源。

戏曲文化学习普及化：营建校园戏曲学习氛围，通过多种途径进行校园戏曲文化知识推广和宣传，让戏曲文化深入师生心中。

戏曲文化学习常态化：戏曲文化推广与学校日常教学活动相结合，融入儿童校园生活中。

戏曲文化学习特色化：将"戏曲进校园"活动与学校文化建设相结合，成为推进校园文化建设、打造办学品牌的特色。

学校从有兴趣的儿童开始培养，以点带面，影响全校儿童。一是我校"戏曲进校园"活动的对象都要学习《中国戏曲经典》中的相关戏曲文化基本知识，了解我国戏曲种类。争取人人都能传唱 1—3 首经典戏曲。二是学校制定有效的实施管理办法，保证活动的推进。学校教师和行政领导要带头融入活动，在活动中充分发挥表率作用。三是广大教师都要参与到戏曲文化的推动工作中来，学校组织力量对各班主任及各科任老师进行相关培训，学习戏曲基本知识，学唱中华经典戏曲，有效保证活动的全面推广。四是紧紧围绕全面实施素质教育的要求，把戏曲文化传承和学习作为学校教育教学中的一项重要任务，形成科学、系统的学校戏曲文化课程体系，建立激励评价标准，让戏曲文化成为学校素质教育特色。五是要结合小儿童特点，通过环境的渲染、课堂的教学以及开展形式不一的活动，生动、活泼、切实有效地对儿童进行戏曲文化教育，使儿童学习中华戏曲文化的知识、感受戏曲艺术的魅力，从而激发儿童对戏曲文化的兴趣。

（二）"心绪梨园"的课程评价

"心绪梨园"课程设置的目的在于使儿童了解戏曲、感受戏曲，激发儿童热爱祖国文化、热爱家乡的美好情感。在进行评价时，我们从活动设计、学科融合、实施方式、学习效果四个方面来设计评价,具体如下(见表2-14)。

表2-14 "心绪梨园"课程评价表

评价指标	评价内容	评价得分
活动设计	1. 形式新颖,主题鲜明,具有鲜明的课程特点、趣味性强、教育意义。(10分)	
学科融合	1. 围绕专题,充分发挥各学科特点进行融合。(15分)	
	2. 整合的学科活动设计恰当,有特色有创意,体现课程的实践性、自主性、综合性、创造性和趣味性。(15分)	
实施方式	1. 专题整合的各学科教学活动在一学期内完成。(10分)	
	2. 面向全体儿童,关注儿童的个性和差异,注重培养儿童的实践能力。(10分)	
	3. 师生互动,儿童参与面广,能充分体现儿童主体、教师主导的理念。(10分)	
	4. 及时总结、交流、评价。(10分)	
学习效果	1. 全体儿童积极主动参与活动,得到锻炼,学有所获。(10分)	
	2. 儿童的探究精神、合作精神、创新精神得到发挥,实践能力有所提高。(10分)	
合计得分		

十、关注"心灯风尚",丰富少先队课程

南关小学"心灯风尚"课程,是在根据儿童特点,设计符合儿童身心发展的德育课程。众所周知,德育工作是学校工作的灵魂,它致力于对儿童思想品德和人格素质的培养,体现着学校教育的基本目的,贯穿德、智、体、美教育实践的各个方面,统领着整个学校教育。它对青少年儿童健康成长和学校工作起着导向、动力和保证的作用。小学德育是社会主义精神文明建设的奠基工程,是提高全民族思想道德素质的奠基性教育,是培养造就合格公民的起点。基于此,我们管城回族区南关小学根据儿童身心发展特点,为孩子们量身设计了内容丰富、形式多样的德育课程——"心灯风尚"课程。意在让孩子们从小养成良好生活和学习习惯,培

育孩子们爱国、爱党、爱人民的崇高信念。

（一）"心灯风尚"的实施路径

1. 红色教育课程

"红色教育"是传播革命时期中国共产党领导人民为争取民族解放和独立英勇奋斗的壮丽篇章和丰功伟绩的思想教育，是学习革命时期共产党人英勇顽强、不屈不挠、矢志不渝、牺牲奉献的事迹和精神的思想教育。它是爱国主义教育的重要组成部分，是社会主义核心价值体系的精髓，蕴含着丰富的革命精神、历史文化内涵和时代价值。分析讨论"红色教育"在小学爱国主义教育中的重要性，对于青少年世界观、人生观和价值观的形成具有重要的指导作用。基于此，管城回族区南关小学开展了红色爱国体验式教育（见表2-15）。

表2-15　"心灯风尚—红色教育"课程设置表

年级	红色课程	主题	活动内容
四、五、六年级	红色军旅	一封鸡毛信	1. "瑞金"集结。 2. 分组行动。 3. 会师南下。
		重走长征路	1. 七根火柴。 2. 爬雪山过草地。 3. 小小神枪手。
全校	主题中队会	"九一八" "国庆节" "南京大屠杀"	朗诵、晨诵、节目表演、教师朗读。

2. 养成教育课程

养成教育是少年儿童的道德品质和行为习惯的养成教育。它是人所应具备的最基础的心理素质、思想素质，包括思维方式、道德品质、行为习惯和生存能力以及健康体魄的培养和教育。中国是一个有着五千年文明史的古国，我国的养成教育可谓源远流长，我国古代伟大的教育家孔子提出："少成若天性，习惯成自然"，对后世养成教育产生了深远的影响。养成教育同样是校园文化建设的重要内容,是素质教育的重要组成部分,是素质教育的灵魂和核心。基于此,管城回族区南关小学开展了一年级入学礼、新生军训、公德养成教育50条以及21天行为习惯养成卡等一系列的养成教育。(见表2-16)

表2-16 "心灯风尚——养成教育"课程设置表

年级	养成课程	主题	活 动 内 容
一年级	入学手册	我上学啦	1. 踏入"学子门"。 2. 五彩手印礼。
一年级	新生军训	校园礼仪周	1. 安全教育。 2. 礼仪教育。 3. 队形队列教育。
全校	公德养成	公德养成教育50条	通过升旗仪式,每周宣读一条,督促一条,落实一条。
全校	行为习惯	21天行为习惯养成卡	每个月养成一个良好习惯。
全校	德育评价	德育评价体系	根据一至六年级儿童生理心理特点,设计评价标准。

3. 仪式教育课程

儿童成长,需要关键事件:怎样才能让孩子对生命中每一个重要的日子刻骨铭心? 怎样才能使普通的事件成为儿童不普通的经历? 朱永新教授曾指出,仪式、节日和庆典……使有意义的事情或者伟大的事物能够拥有一种伟大的时刻,获得神圣、庄严与尊重。庄重的仪式,会启迪孩子的心灵,让他们的生命与伟大事物交汇在一起,从而形成长久的动力。

仪式课程必须发挥每一个儿童的积极主动性、创造性和个性,并让这种主体作用在仪式活动中体现它的价值。换句话说,既要让仪式保持隆重、热烈,又要让仪式涉及具体教育情境中的人、事、物,只有这样才能触动孩子的灵魂,引起生命的共鸣。基于此,学校开发出一系列的仪式课程,让孩子们从小感受仪式感、接受仪式教育、塑造良好品行。(见表2-17)

表 2 - 17 "心灯风尚——仪式教育"课程设置表

年级	仪式课程	主题	活动内容
一年级	入学仪式	扬帆起航 快乐成长	1. 走红毯、摁手印。 2. 定下一个小目标。 3. 许下一个小愿望。 4. 给三年级的自己写一封信。
一二年级	入队仪式	集结在星星 火炬旗帜下	1. "六知""六会""一做"。 2. 做一件好事。 3. 加入光荣的少先队。
三年级	集体生日	十岁的天空	1. 回看给自己的信,回顾总结三年校园生活。 2. 给六年级的自己写一封信。 3. 定下一个小目标。 4. 许下一个小愿望。
六年级	毕业感恩	毕业以及未来可期	1. 毕业感恩营。 2. 毕业之夜。
一至 六年级	升旗仪式	根据时期而定	进行爱国、文明、环保、 健康、学习等方面教育。

（二）"心灯风尚"的课程评价

"心灯风尚"课程设置的目的在于使儿童了解新中国历程、养成良好的习惯、感受生活中不可缺失的仪式感,激发儿童热爱祖国的美好情感。具体评价如下:(见表 2 - 18)

表 2 - 18 "心灯风尚"课程评价表

评价内容	评价标准	权重分	得分
方案	1. 主题鲜明、寓意深刻,具有科学性、针对性、教育性。 2. 内容贴近社会现实、贴近儿童实际生活、贴近儿童身心发展规律,紧扣主题,突出重点。 3. 活动设计有特色有创意,体现课程的实践性、自主性、综合性、创造性和趣味性。	30	

评价内容	评价标准	权重分	得分
实施	1. 情景设计合理,操作性强,能体现综合运用知识的能力。 2. 设置拓展性、开放性的,能给儿童思考空间的问题,引导儿童体验和感悟。 3. 面向全体儿童,关注儿童的个性和差异,注重培养儿童的实践能力,教育作用明显。 4. 师生互动,儿童参与面广,能充分体现儿童主体、教师主导的课程理念。	40	
效果	1. 活动目标明确,有明确的导向和时代性。 2. 活动形式新颖、独特、多样,让儿童充分展示自我。 3. 促进儿童身心健康发展,儿童情感态度价值观得到转变。 4. 儿童有认识,有感悟,自我教育能力得到增强。	30	
合计得分		100	

综上所述,课程实施和评价是将课程规划的美好愿景与课程设计的理想世界,转化为脚踏实地的实践过程。"心之初课程"正以"心智课堂""心仪学科""心跳社团""心愿节日""心怡文化""心灵之旅""心裁创客""心语书吧""心绪梨园""心灯风尚"十方面入手践行"心根教育"。这十种课程实施方式体现教育哲学,反映办学理念,落实课程理念,实现课程模式,验证课程类别,实现育人目标。

"心根教育"的大幕已拉开,"心之初课程"的蓝图已描绘,"在儿童的心弦上镌刻文化的密码"的征程已开启。我们坚信在"心根教育"的影响下,一批批有"正气、勇气、灵气、才气"的"心芽少年"正在茁壮成长!

（撰稿者:宋建勇　翟晶晶　刘桂云　张磊　方楠　陈佩）

第三章
持续生长：学校课程的动力源泉

  "生长"不单单只是要顺乎自然，而是蕴含着发展的能力。它是一种积极向上生长的动力，是一个持续不断的社会化过程，是天赋本能的"继续"发展。教育的本质是要促进每一个儿童真实、持续地发展。在学校课程探索中，教师要着力为儿童持续生长的外在环境、内在需求提供动力和支持，促进儿童积极参与到课程建设中来，发挥儿童的主体性和创造性，力求让儿童学有所得，学有所长。

七色光课程：
向着彩虹出发

　　郑州市管城回族区第二实验小学位于郑州市管城回族区南台路4号，于2011年8月建成并投入使用，学校占地面积15675m²，建筑面积10228.12m²。学校地处南三环与中州大道交会处，既接壤于繁华，又毗邻于静地，校园设施齐全，绿植环绕，安静优雅，整洁明朗，充满着浓郁的书香气息。学校现有44个教学班，2297名学生，教职工123人。其中省级优秀教师1人，省级骨干教师2人，市级名师2人，市级骨干教师3人，市级学术技术带头人2人，区级名师2人，区级专业技术拔尖人才3人，区级骨干教师10人。学校先后获得"全国新教育实验优秀实验学校""全国养成教育实验校""河南省武术特色学校""河南省先进家长学校""河南省卓越家长学校""河南省艺术教育十佳单位""郑州市校本课程建设先进单位""郑州市书香校园""郑州市中小学德育建设先进单位""郑州市红领巾示范学校""郑州市文明学校""郑州市平安校园先进单位""郑州市美育示范学校""郑州市绿色学校"等荣誉称号。我们依据教育部《关于深化课程改革，落实立德树人根本任务的意见》等文件精神，制定了学校的课程规划，并依据规划逐步推进，经过三年多的实践，学校的课程建设取得了显著成效。

第一节　追寻多彩课程的芬芳

自然界的颜色五彩缤纷,色彩斑斓,组成了多姿多彩的世界。作为自然界的一部分,儿童的生命也应该与大自然的颜色融为一体,也就是说儿童生命的本身就是多姿多彩的。

一、学校教育哲学

学校的教育哲学是"七彩教育"。我们认为,"七彩教育"就是顺应儿童天性,让每一个孩子拥有独特生命体验的教育。在建校之初,我们就在思考,如何让每一个孩子保持天性,如何让每一个孩子拥有独特的生命体验。我们不断追寻,执着探索,人与自然和谐统一的理念让我们豁然开朗:我们就是要建设一所"七彩乐园",我们就是要"让每一个孩子拥有多姿多彩的童年",我们就是要推进"七彩教育"。"七彩教育"为孩子的一生幸福奠基,为每一个孩子的七彩人生插上梦想的翅膀。

我们希望,当孩子们走进"七彩乐园"的时候,每一颗童心都快乐飞扬,每一双眼睛都闪闪发光,智慧在这里成长,生命在这里绽放。在这里,孩子们会拥有一个多姿多彩、幸福而难忘的童年。

我们的教育信条是:

我们坚信,

每一个孩子都应该拥有七彩斑斓梦。

我们坚信,

为梦想铺路是教师职业的神圣使命。

我们坚信,

每一个孩子都应该拥有多姿多彩的童年。

我们坚信,

每一所学校都是学生放飞七彩梦想的乐园。

我们坚信，

每一门课程都是一道激发孩子无限潜能的七色光芒。

二、学校课程理念

学校的课程理念是"向着彩虹出发"。课程模式是"七色光课程"。我们知道世界上没有两片完全相同的树叶，也不会有两个完全相同的孩子。每一个生命都是独特的，每一个孩子的童年都是绚丽多彩的，"七色光课程"的建设就是要为每一个孩子提供成长的土壤、环境和营养。要让每一个孩子带着梦想和希望，从这里出发，书写七彩的人生。因此，我们将学校的课程理念确定为"向着彩虹出发"。其内涵如下：

——课程即成长的历程。大教育学家卢梭曾说："大自然希望儿童在成人之前就像儿童的样子。如果打乱了这种次序，我们就会造就一些早熟的果实，他们长得既不丰满也不甜美，而且很快就会腐烂。"童年是人生的一段重要生命历程，童年的生活也应当是快乐的。我们应当遵循儿童的身心特点，尊重孩子的个性需求，研发丰富多彩的课程，让每一个孩子都找到自己最感兴趣的内容，快乐学习，让每一颗童心都快乐飞扬，每一次活动都让孩子获得积极、愉悦的情感体验，让每一门课程都成为孩子的成长历程。

——课程即个性的彰显。不同的课程体验不同的人生，学校的读书节、游戏节等节日课程为不同兴趣的孩子提供了更多的可能；入学仪式、感恩教育、毕业典礼等一系列仪式课程，让孩子们在参与中铭记童年的难忘与美好；魔术课、衍纸课、编织课等走班课程，让孩子们动手、动口、动脑，多种感官参与，合作交流，探究学习，在学习中彰显不同的个性，开启儿童的生命智慧。

——课程即共同的成长。教育的幸福，就是能够拥有一颗童心，和孩子们心手相携，共同成长。教师既是课程的研发者、设计者，也是实施者、参与者。怎样站在学生的视角，研发设计让儿童个性得以张扬、智慧得以生发、梦想得以激发、自身得以成长的课程，是教师们首要思考的问题。和孩子们一同成长，陪伴孩子们拥有一个多姿多彩的童年，是教育者的理想，也是教育者的责任。

——课程即生命的体验。教育的目的应当是向人传送生命的气息，教育之"育"应该从尊重生命开始。生命是多元的、有个性差异的，课程是生命绽放的沃土,是生命与生命平等对话的基石。课程尊重多元的生命,课程激发生命的潜能,生命融入课程,借助"七色光课程"的品德修养、语言交流、思维智趣、科学探索、艺术审美、运动健康、梦想体验让生命回归本真,让生命拥有不同的体验。

第二节　助力儿童的持续生长

　　学校坚持以人为本,落实立德树人的理念,为孩子的终身发展奠定基础,让每一个生命七彩绽放。因此,确定学校课程目标,首先得确立学校育人目标。

一、育人目标

　　我们的育人目标是培养"立心逐梦、乐学善思、趣雅尚美、勤劳健体"的"七彩少年"。

　　——立心逐梦:立心立德、追逐梦想。热爱祖国,热爱家乡,热爱学校,培养良好的品德、坚韧的意志,做最好的自己,有梦想,为了梦想努力奋斗。

　　——乐学善思:热爱学习、善于思考。养成良好的学习习惯,爱阅读,会合作,掌握一定的学习方法和思维策略,乐于主动探究。

　　——趣雅尚美:志趣高雅、崇尚美好。热爱生活,积极参加文艺活动,兴趣广泛,爱好一切美好的事物,有良好的审美鉴赏能力。

　　——勤劳健体:热爱劳动、强健体魄。有良好的生活习惯,科学的生活方式,掌握基本劳动本领,有自己爱好的体育项目并坚持锻炼,健康自信。

二、课程目标

　　育人目标通过课程目标去达成,为了实现育人目标,我们将其进行了细化,形成了各年级的课程目标。(见表3-1)

　　基于学校的育人目标和各年级课程目标,我们围绕"七彩教育"的教育哲学,大力开展课程育人,以课程带动儿童发展,以课程推进教师素养提升,以课程促进学校品牌构建,以课程践行立德树人的根本任务。

表 3-1 "七色光课程"分年级课程目标

年级	立心逐梦	乐学善思	趣雅尚美	勤劳健体
一年级	认识国旗、国徽,会唱国歌,升国旗奏国歌时按要求立正敬礼;喜欢自己的班级,熟知班级的班名、口号;初步认识自我,说出自己的性格特征;能清楚地表达自己的想法。	学会倾听,喜欢学习;初步掌握书写方法,笔顺正确,字迹工整;遇到不懂的地方,向老师同学提问;每天亲子阅读30分钟。	有自己的兴趣爱好;初步感知律动,学唱国歌、队歌、校歌;初步感知空间美,喜欢画画;喜欢艺术活动,积极参加校内外组织的活动。	基本养成良好的生活习惯,能保持自身衣着整洁、干净,学会整理书包与文具;学会值日,会扫地、拖地、擦桌子等;积极参与体育锻炼活动,喜欢1—2项体育运动;了解一些运动中的自我保护方法,通过国家体质健康测试。
二年级	知道国旗、国徽上五星的含义,了解祖国的版图,了解家乡在祖国的地理位置;喜欢学校,爱护校园环境,初步了解校园文化;初步认识自己的情绪,能说出自己的优缺点和爱好;能够流利地表达自己心中的想法,遇到问题不逃避,积极想办法解决。	认真听讲,积极举手发言,按时完成作业;熟练掌握书写方法,书写规范、端正、整洁;有比较明确的学习目标,学会简单地整理归纳知识点的方法;喜欢阅读书籍,每天亲子阅读30分钟。	有广泛的兴趣爱好,能说出自己的特长;初步感知律动,学唱多首儿童歌曲;初步感知空间美,会用自己的方式表达;喜欢参加艺术活动,感受艺术活动给自己带来的愉悦情绪。	树立正确的劳动观念,认识到劳动最光荣,学会整理自己的书桌;会在规定时间内按要求做好学校的值日工作,爱护校园环境,不乱扔垃圾,见到垃圾主动捡起;乐于参加体育锻炼活动,初步掌握简单的动作;掌握一些运动中的自我保护方法,通过国家体质健康测试。
三年级	了解"中国梦"的含义,会准确表述对某件事情的看法,树立正确的价值观;热爱祖国、热爱学校、热爱班级,愿意为他们增光添彩;了解自己的性格特点,知道怎样	上课认真听讲,独立完成作业,认真检查,及时纠错;善于倾听,勤于思考,能提出自己的见解,大胆发表自己的看法;学会用思维导图等方法整理每周、每单元学习的	形成较为固定的兴趣和爱好;喜欢美的旋律,会唱国歌、队歌、校歌;对空间有一定认识,并能够描摹出它的美;欣赏名家作品,感悟经典,有一定欣赏美、鉴赏美的能力。	养成良好的生活习惯,会自己清洗红领巾,整理自己的房间;积极参加大扫除,认真完成自己的劳动任务,主动帮助其他同学,不怕脏,不怕累;培养参与体育运动的

年级	立心逐梦	乐学善思	趣雅尚美	勤劳健体
	与同学相处,会欣赏他人的长处;了解自己家乡的风土人情等。	知识,提高归纳整理的能力,巩固学习内容;会自觉主动阅读课外书籍,每天大约1小时。		兴趣和爱好,找到自己感兴趣的体育项目,并坚持练习;科学参加体育锻炼,通过国家体质健康测试。
四年级	通过向各行业优秀人物学习,向身边榜样学习,汲取精神的力量,逐步明晰自己的梦想,并有具体的行动;热爱祖国、热爱学校、热爱班级,能自觉维护班级、学校荣誉;能调节和管理自己的情绪,有自制力和抗挫折能力等;通过书籍、网络等了解各省会城市的风土人情,了解不同城市的特点。	乐于学习,学会提前预习,定期复习,对知识有探究欲;学会搜集整理与学习相关的资料,拓宽自己的知识面,积极参加学校拓展性及研究性课程;有明确的学习目标,会制定比较合理的学习计划;养成自觉主动阅读课外书籍的习惯,每天不少于1小时。	形成较为固定的兴趣爱好,培养优良的兴趣品质;喜欢美的旋律,会唱国歌、队歌、校歌和儿童歌曲;深入了解空间美,能创造性地表达美;欣赏名家作品,感悟经典,有一定欣赏美、鉴赏美的能力,形成审美的人生态度。	保持良好的生活习惯和行为习惯,会分门别类整理自己的书柜,主动帮父母做力所能及的家务;爱护环境,能劝阻破坏环境的不文明行为;养成坚持锻炼的习惯,会做较复杂的体育活动,基本掌握1—2项体育技能;逐步形成健康的生活方式,通过国家体质健康测试。
五年级	关心国家大事,对社会事件或学校事件作出准确的表述并能详细地表达自己的观点,知道"中国梦"和个人梦的关系,懂得我的梦想我担当,遇到挫折不放弃;热爱祖国,学会向父母、老师表达爱,珍惜同学间的友情;深入了解自己,希望做最好的自己,对未来职业规划有了初步的设想;	积极主动完成作业,安排自己学习生活;积极与人合作完成学习任务,能听取别人的意见和观点,敢于质疑;能在父母的帮助下上网或查阅书籍,搜集整理资料;会自主读书,会写读书笔记。	坚持自己的兴趣爱好,并使自己受益一生;喜欢美的旋律,能把自己的感情融入歌曲中;对空间事物有很强的感知力,能够通过色彩、图形等美术的表现手段表达自己的感受;积累艺术文化底蕴,激发对艺术的热爱之情。	热爱劳动,积极参加班级、学校的各项活动,尊重各行各业的劳动者,珍惜劳动成果;积极参加体育活动,动作协调,体魄强健,掌握1—2项体育运动技能;学习和运用运动技能,通过国家体质健康测试。

年级	立心逐梦	乐学善思	趣雅尚美	勤劳健体
	深入了解自己的家乡及风土人情,并能向同学介绍。			
六年级	关注国家大事,关心民族前途和命运,对自己的未来有比较明晰的定位,并付诸行动;热爱祖国,感恩父母、老师与学校,毕业前为父母、为班级、为学校做一件力所能及的事情;能管理自己的情绪,学会换位思考;通过互联网等多种形式了解不同城市的风土人情,深度旅游1—2个城市,了解祖国的地大物博。	主动学习,会科学合理地安排自己的学习生活;善于倾听,宽容和善,对不同的意见观点敢于质疑、乐于接受,有很强的合作意识;掌握科学的方法,大胆创新实践,并能把自己的想法付诸实际;喜欢阅读,有良好的阅读习惯。	坚持自己的兴趣爱好,并使自己受益一生;把自己的感情融入歌曲中,感悟音乐带来的情绪体验;有较强的审美,了解弘扬中华文化传统艺术;积累艺术文化底蕴,激发对艺术的热爱之情,培育美好的心灵,养成完善的人格,提升人生的境界和品位。	热爱劳动,热爱生活,积极参加志愿者服务活动;掌握基本的劳动方法和技能,会分工合作完成劳动任务;热爱体育运动,健康阳光,会做复杂的体育活动,发展1项体育特长项目;具有关注自身健康的意识,学习通过体育运动的方式发展体能、调控情绪,通过国家体质健康测试。

第三节 绘制绚丽的课程蓝图

在"七彩教育"的教育哲学引领下,我们提出了"让每一个孩子拥有多姿多彩的童年"的办学理念和"向着彩虹出发"的课程理念,以实施素质教育促进学生全面发展为出发点和落脚点,以落实"立心逐梦、乐学善思、趣雅尚美、勤劳健体"为育人目标,构建了"七色光课程"体系。

一、课程逻辑

学校依据"七彩教育"的教育哲学以及学校课程目标,形成如下课程逻辑。(见图3-1)

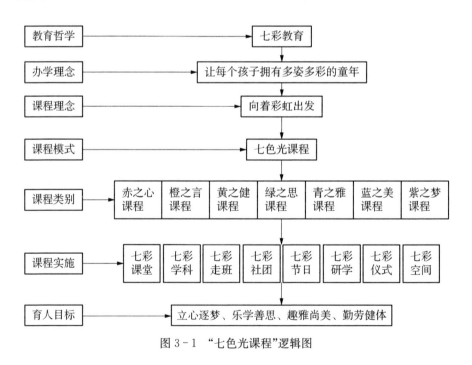

图3-1 "七色光课程"逻辑图

二、课程结构

课程结构以"立心逐梦、乐学善思、趣雅尚美、勤劳健体"为育人目标,包括"赤之心课程""橙之言课程""黄之健课程""绿之思课程""青之雅课程""蓝之美课程""紫之梦课程"七大类课程,根据学生认知规律,遵循循序渐进的原则,设置各年级课程,以雷达图的形式集中体现。(见图3-2)

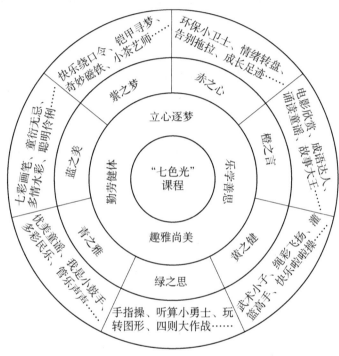

图3-2 "七色光课程"结构图

上述课程结构图中具体表述如下:

赤之心课程主要指的是品德与修养课程,包括德育学科教学(道德与法治)、少先队活动、研学活动、劳动教育、心理健康教育、校园生活等课程。重在培养学生热爱祖国,热爱家乡,养成良好的习惯,培养坚忍的意志,树立远大的理想,做最好的自己。橙之言课程主要指的是语言与表达课程,包括博雅语文和灵动英语课程。重在培养学生勤于思考,善于倾听,敢于表达的能力。黄之健课程主要指的是体育与健康课程,包括民族体育与中华武术课程。重在培养学生强健的体魄,掌握一定的体育技能,坚持锻炼,发展一项体育特长项目。绿之思课程主要指的是思维与创造课程,包括智慧数学和模块拓展课程。重在培养学生与人合作,敢于质疑,大胆创新的精神。青之雅课程主要指的是音乐与律动课程,包括灵动节奏、演唱技巧等课程。重在培养学生感受节奏,表现韵律的能力,引发学生想象和联想,激发学生创造力,培养高雅的情趣。蓝之美课程主要指的是美术与空间课程,包括五彩缤纷、动漫技法等课程。重在培养学生欣赏美、鉴赏美的能力,积累艺术文化底蕴,有一定的审美意识。紫之梦课程主要指的是体验与梦想课程,包括趣味科学、梦想体验等课程。重在培养学生探究欲,对自己未来人生有比较明晰的定位,能把"中国梦"和"个人梦"相联系。

三、课程设置

根据"七色光课程"逻辑图,结合学校课程开展的实际情况,整体规划一至六年级的课程设置。(见表3-2)

表3-2 "七色光课程"课程设置表

年级 \ 类别		赤之心课程	橙之言课程	黄之健课程	绿之思课程	青之雅课程	蓝之美课程	紫之梦课程
一年级	上期	文明彩妮彩娃、开学第一课、队前教育	电影欣赏、铅言铅语、趣味识拼音、童言童语	武术小子、运动小达人、健康小卫士	快乐手指操、我爱积木、听算小萌娃、初拜数学门	音乐律动、我是小歌手、灵动舞蹈	七彩画笔、我型我塑、艺术欣赏	快乐绕口令、小小主持人、笔墨飘香、动物世界、奇妙磁铁
	下期	守规则、保安全、新生入队仪式、情绪"转盘"	识字小达人、铅言铅语、诵读童谣、名曲欣赏	武术小子、绳彩飞扬、快乐游戏	快乐手指操、听算小勇士、善变七巧板、我爱人民币	优美童谣、我是小鼓手、小小歌唱家	巧玩画笔、我型我塑、艺术欣赏	快乐绕口令、小小主持人、童笔生辉、水之源、三球学说

年级 \ 类别	赤之心课程	橙之言课程	黄之健课程	绿之思课程	青之雅课程	蓝之美课程	紫之梦课程
二年级 上期	我们的集体、做合格小公民、我爱我的家乡	成语达人、童言童语、名画欣赏、语言积累	武术小子、小小解放军、健康小卫士	数学故事、听算小达人、神奇的单位、观察与思考、数学日记	灵动节奏、童年歌曲、多彩民乐	五彩缤纷、剪纸艺术、聪明伶沥	成语故事、词语接龙、字如其人、天气知多少、动物乐园
二年级 下期	安全游戏、环保小卫士、说说烦心事儿	电影欣赏、语言积累、童话展演、文学欣赏	武术小子、运动小达人、快乐游戏	数学故事、四则大作战、运动的数学、最棒小判官、数学日记	民族歌舞、多彩民、乐管乐声声	节日之美、剪纸艺术、童衍无忌	成语故事、词语接龙、丹青妙笔、自然与科技、四季你我他
三年级 上期	我们的学校、学习安全知识、家是最温暖的地方	童心童作、故事大王、名画欣赏、妙趣对韵、英文小歌手	武术小子、足球少年、体育常识、健康小卫士	趣味数学A、结账我当家、探秘编码界、好玩的数学、数学日记	想唱就唱、感恩唱不完、多彩民乐、管乐声声	黑白对比、初级版画、聪明伶沥	小机器人A、家常饭菜、小魔术师A、小茶艺师、有趣动物界
三年级 下期	我在这里长大、我们的公共生活、兴趣学习乐趣多	小传承师、文学欣赏、电影欣赏、名曲欣赏、英文小歌手	武术小子、运动小达人、快乐游戏	趣味数学A、方案设计师、校园与数学、好玩的数学、数学日记	红色记忆、管乐声声、多彩民乐、梦想大合唱	展望未来、初级版画、童衍无忌	小机器人A、家常饭菜、小魔术师A、小茶艺师、探索奇妙

年级＼类别		赤之心课程	橙之言课程	黄之健课程	绿之思课程	青之雅课程	蓝之美课程	紫之梦课程
四年级	上期	珍爱生命、安全生活、关爱他人	童心童作、对联达人、名曲欣赏、小小宣传员、英语达人秀	武术小子、快乐啦啦操、健康小卫士	趣味数学A、运算王国、解密大数学、事半功倍、数学日记	灵动节奏、管乐声声、多彩民乐、灵动舞蹈、歌唱祖国	缤纷水彩、童衍无忌、聪明伶俐	小机器人A、家常饭菜、小围棋师A、小茶艺师、人与自然
	下期	遵守公共秩序、绿色小卫生员、告别拖拉	单元群组阅读、语言积累、电影欣赏、小小导游家、英语达人秀	武术小子、运动小达人、快乐游戏	趣味数学A、运算王国、奇妙的图形、解密小数、数学日记	四季歌谣、灵动舞蹈、管乐声声、多彩民乐、梦想大合唱	国画清风、童衍无忌、软笔艺术	小机器人A、家常饭菜、小围棋师A、小茶艺师、铠甲寻梦
五年级	上期	呼唤诚信、我们的民主生活、我爱祖国山和水	历史讲台、古文古韵、童言童语、名画欣赏、英语小剧场	武术小子、灌篮高手、快乐啦啦操	趣味数学B、运算天地、解密抽奖、位置与植树、数学日记	乐理大讲堂、爱上民歌、灵动舞蹈、管乐声声	深浅变化、变废为宝、软笔艺术	小机器人B、3D打印烘焙、小围棋师B、时间旅途
	下期	独具魅力的中华文化、我们生活的地球、生活中的快乐	英雄故事会、文学欣赏、电影欣赏、名曲欣赏、英语达人秀	武术小子、绳彩飞扬、快乐啦啦操	趣味数学B、走进分数、玩转图形、折线统计图、数学日记	外国民歌、戏曲开蒙、多彩民乐、梦想合唱团	装饰线描、变废为宝、趣味折纸	小机器人B、3D打印烘焙、小围棋师B、最小的生物

年级 \ 类别	赤之心课程	橙之言课程	黄之健课程	绿之思课程	青之雅课程	蓝之美课程	紫之梦课程
六年级 上期	走向文明、不屈的中国人、漫游世界	童言童语、语言积累、单元群组阅读、英语趣配音	武术小子、运动小达人、足球少年、灌篮高手	趣味数学B、玩转分数、逐图圆梦、小棒拼图、数学日记	经典传唱、戏曲之旅、管乐声声、梦想大合唱	局部速写、我爱油画、初级版画	小机器人B、电脑3D打印、烘焙、智慧自然界
六年级 下期	生命需要呵护、我们能为地球做什么、我的成长足迹	单元群组阅读、科学故事会、文学欣赏、英语趣配音	武术小子、运动小达人、足球少年、灌篮高手	趣味数学B、按图"锥柱"、生活中的数学、头脑风暴、数学日记	银屏之声、乐器我来认、多彩民乐、灵动舞蹈	动漫技法、我爱油画、我型我塑	小机器人B、电脑3D打印、烘焙、科技与人类

基于"向着彩虹出发"的课程理念,我们按照颜色设置了"赤之心课程""橙之言课程""黄之健课程""绿之思课程""青之雅课程""蓝之美课程""紫之梦课程"七大类课程。将国家课程按照颜色进行分类,并且统整了地方课程和学校课程。这些课程的设置都是基于儿童的发展立场,都是为了落实儿童发展要素,促进儿童健康成长。

第四节　前行在多彩课程的路上

课程实施就是将静态的课程规划转化为动态的课程实践的过程,同时也是实现学生人生梦想,成就教师职业幸福的载体。学校通过构建"七彩课堂""七彩学科""七彩走班""七彩社团""七彩节日""七彩研学""七彩仪式""七彩空间"等品质课程,践行"让每一个孩子拥有多姿多彩的童年"的办学理念,实施"七色光课程"。

课程评价是一个价值判断的过程,是引领"七色光课程"前行的灯塔,是把握七大类课程设计的风向标,是检验课程实施效果的"试金石"。课程的实施与评价体现了对课程理念的贯彻与执行,是一个行动的过程,是将课程的意识形态转化为教师的教和学生的学,从而促使课程目标得以实现。

一、打造"七彩课堂",扎实开展学校课程

"七彩课堂"是有效保障国家课程校本化、校本课程特色化实施的主要途径,也是其他课程得以有效实施的途径,同时也是实施"七彩教育"的最重要的途径。

(一)"七彩课堂"的内涵与实施

什么样的课堂是七彩的课堂? 我们认为"七彩课堂"应该是有魅力的课堂,让课堂充满生命的活力,让课堂贴近孩子的生活,走进孩子的心灵,让课堂成为学生自主学习的乐园、互动生成的乐园、情感体验的乐园。自主、互动、生成是"七彩课堂"的三大核心要素。

"七彩课堂"是自主的课堂。"七彩课堂"以学生为主体,突出学生主体地位,培养学生自主学习的意识和独立思考的品质。在具体操作上,"七彩课堂"的目标要科学,描述要具体,指向要明确即培养学生的自主意识。

"七彩课堂"是互动的课堂。课堂要体现和谐的师生关系,要实现教学相长的平等对话,要进行民主尊重的多元互动。在具体操作上,"七彩课堂"的师生关系要体现人与人之间广泛而积极的互动,在互动中相互沟通、相互补充、相互影响,从而形成师生的共识、共享、共学,最终达到共修养。

"七彩课堂"是生成的课堂。关注"生成",发挥学生的主体地位,满足学生探求知识的欲望;孕育"生成",展现课堂教学的真实性,体现教师的教学机智和教学艺术;创造"生成",表现素养自身动态生成的特点,提高以课堂教学为主的教学效率。在具体操作上,"七彩课堂"的教学内容要丰富,要基于教材,要立足学科素养,让师生获得更加丰富多元的体验。

(二)"七彩课堂"的评价标准

　　根据"七彩课堂"的内涵,我们制定了"七彩课堂"的评价标准。(见表3-3)

表3-3　"七彩课堂"评价表

评价维度	评价要素	权重	等级		
学习目标	学习目标明确,重难点恰当,关键问题把握准确。	5%	A	B	C
学习内容	学习内容设置符合学科特点,符合年龄特点。	5%			
学习方法(自主学习合作探究)	自主学习:能独立思考,探究问题有主见,能总结提炼学习所得。	25%			
	合作(探究)学习:组织有序,讨论热烈,同伴协作,帮扶到位,按时完成小组分配的学习任务。				
	思维状态:善于思考质疑,能提出个人观点,见解独到、有价值,并引发同学思考。				
	参与状态:精神饱满,兴趣浓厚,学习投入,状态良好。				
学习过程(交流充分点拨精准)	展示状态:大胆自信,表达简洁,解疑答惑正确,征求意见谦虚。	40%			
	交流状态:尊重同学和老师,清晰表达自己观点,耐心听取别人意见,质疑研讨诚恳,评价客观公正。				
	教师点拨:及时整理提炼学生生成的问题;适时、适度指导学生的学习活动;纠正错误、提炼总结,体现智慧型指导(在新旧知识联结处、学习新知关键之处、学生疑惑之处、学生争议之处、思维受阻之处、受思维定式干扰之处点拨)。				
多元生成(夯实基础分层提高)	练习的设计要注意层次性、针对性和科学性。	15%			
	练习的过程要适当增加相关的深化内容进行拓展。				

评价维度	评价要素	权重	等级
评价反馈（评价多元及时有效）	采用发展性多元评价,评价适时恰当,激励性、指导性强。	5%	
学习效果	知识掌握:快速掌握当堂知识,知识目标达成度好。	5%	
	方法运用:学会解决问题的方法,形成有效的学习策略,养成良好的学习习惯。		
	能力形成:学生发现问题、表述问题、解决问题、综合运用等各方面的能力得到提高。		
	情感发展:学生学习过程愉悦,思想情感积极向上。		
总计		100%	

二、建构“七彩学科”,全面丰富学校课程

为了让每一个孩子都拥有多姿多彩的童年,学校广泛征求全体师生的意见,深挖教材,研读课标,将课内与课外相结合,拓展课程内容,丰富国家课程内涵,将国家课程和学校课程相结合,开发整合了各个学科的课程群。

（一）“七彩学科”的建设路径

建构“七彩学科”,学校从两方面入手:一方面通过挖掘学科内部或学科之间的逻辑来构建专业的学科课程群;另一方面充分利用教师特长和爱好来渗透多门学科。[①]

“博雅语文”课程群以部编版教材为核心,融入大量文学欣赏、艺术欣赏等内容,将二者进行有效整合和融合,拓宽了语文教学的深度和广度。“博雅语文”课程群以“周目标栏目”教学模式呈现,分为海量周和课本周进行教学。

课本周以部编版教材内容展开教学。学校将每册教材内容以主题单元为单位,根据课程目标与内容分为“识字小达人”“铅言铅语”“单元群组阅读”“童心童作”“童言童语”“语言积累”等栏目课程,每一个栏目课程都是以单元为单位整体教学,如“识字小达人”是将本单元的所有识字内容整合分类后通过一到两节课完

成教学任务。课本周栏目教学既提高了教学效率,又教会了孩子们多样的学习方法,同时给海量周的学习提供了空间和时间。

海量周即融合内容。学校将大量的融合内容分为"海量阅读""文学欣赏""电影欣赏""名曲欣赏""名画欣赏""历史讲台""古文古韵"等栏目课程。海量周内容的学习以广泛阅读、不求甚解的形式让孩子们感知理解,如"电影欣赏课"以"电影导看课""电影赏析课""电影续编课"等形式呈现给孩子们。大量融合的内容既培养了学生的阅读兴趣,又丰富了学生的文艺知识,让学生们在浩瀚的书海中,在瑰丽的艺术作品中感受大语文的魅力,提高语文素养。

"智慧数学"课程群注重学生的自主探究、灵活运用、拓展延伸等,以学生为主体,让学生活学、善学、乐学,从而真正提升学生的数学素养。

"前五后五"数学课堂模式是指把 40 分钟的课堂分成了听算环节(前 5 分钟)、课堂新授环节(中间 30 分钟)、当堂测环节(最后 5 分钟)三个部分。在听算环节,学生在听算本上只写结果不写算式,每次 20 道左右,核对答案后会按照统一的标准进行星级评价;在当堂测环节,学生在新课结束后统一完成当堂测练习上面的内容并得到及时反馈;"课堂新授环节"就是我们的正常课堂教学环节。

"智慧数学"课程群以学校"前五后五"数学课堂模式为核心,引入快乐手指操课程、数学日记课程、数学故事课程、玩转图形课程、走进分数课程、折线统计图课程等模块拓展课程,构建全方位的课程群。模块拓展课程是以学习内容为依托,有目的、有针对性选取相应或相关知识点并加以拓展延伸提升,设计有意义、可操作实践性强、与生活实际应用联系紧密的活动,让学生参与其中并获得成功体验,这样让课堂知识得到训练和拓展,让学生更有兴趣地学习、更深入地思考、更能学以致用和创新提高。

"灵动英语"课程群以 PEP 小学英语课程为核心,引入英语小歌手课程、英语达人秀课程、英语小剧场课程、英语趣配音课程等构建多方位的课程群。"灵动英语"课程群旨在通过轻松愉快、生动有趣的教学氛围,借助信息化辅助教学的手段,促进学生对语言的积极应用和探究的欲望,让学生在玩中学,学中玩,让英语动起来。

英语小歌手课程主要是通过英文歌曲的学习,让学生对学习英语产生兴趣,从而愿意学习相关知识,培养学生的语言以及其综合运用技能,提高学生的英文歌谣演唱能力;英语达人秀课程则是在活动中让学生获得快乐,从而产生主动学习英语的愿望,提高语言综合应用能力,拓展视野,提升综合素养;英语小剧场课程通过英语剧本的演绎培养学生的口头表达能力和表演能力,让学生了解西方文化,渗透德育培养;英语趣配音课程使用英语趣配音 APP 软件,每天通过给1—2分钟的英语短视频配音,让英语学习充满趣味;英语小歌手、英语达人秀、英语小剧场以及英语趣配音等课程以及 PEP 小学英语课程共同构成了英语课程群。

"悦动体育"课程群主要以学校的武术特色为依托,从培养学生良好的体育锻炼习惯入手,引入武术小子、运动小达人、足球少年、灌篮高手、快乐啦啦操、快乐游戏、绳彩飞扬、健康小卫士等课程对体育课程进行全方位的构建。

"悦动体育"课程群主要以体育课堂为主,走班上课、社团活动为辅。其中武术小子课程主要通过学生学习趣味武术操、长拳一段和长拳二段的单练对练套路、太极基本动作,从而让学生感受到中华武术的魅力,培养学生吃苦耐劳的品质和高尚的武术道德;快乐游戏课程选择了以滚铁环、两人三足等传统游戏项目,学生通过学习传统游戏,感受传统文化;足球少年、灌篮高手、绳彩飞扬等课程中的足球、篮球、花样跳绳等运动项目,不但能增强学生的身体素质,还能让学生在学习的过程中感受到运动的乐趣;健康小卫士课程旨在培养学生运动中的自我保护意识和健康卫生意识,让学生快乐运动、健康生活。

"尚美音乐"课程群以音乐教材为基础,结合学校实际情况和学生的学情等,对其进行整合,开发音乐律动、灵动舞蹈、多彩民乐、管乐声声、戏曲开蒙等课程,旨在借助丰富的音乐文化,不断提升学生的音乐素养。

音乐律动课程和灵动节奏课程主要通过游戏活动让学生感知律动和节奏,培养学生的乐感,学生喜欢音乐;童年歌曲课程和想唱就唱课程主要是通过学唱相关歌曲,学生学习音乐感受音乐魅力的同时获得情感的熏陶,爱生活、知感恩、爱祖国;我是小鼓手课程、管乐声声课程和多彩民乐课程主要培养学生熟悉乐器和演奏乐器的能力;民族歌舞课程和舞动童年课程主要通过舞蹈练习,提高学生身体的柔韧性、协调性,培养学生优雅的气质;戏曲开蒙课程和戏曲之旅课程的开设让学生在学习戏曲了解戏曲的同时,感知祖国传统文化的魅力,培养学生热爱祖国的高尚情操。

"雅轩美术"课程群具有人文性质,是学校进行美育的重要途径,具有不可替代的作用。因此,学校在美术课程中融入了七彩画笔、缤纷水彩、童衍无忌、初级版画、聪明伶沥等课程,旨在通过丰富多彩的美育活动,培养学生的美术素养和审美情趣。

"雅轩美术"课程的实施过程中,根据不同年龄段孩子的身心特点和规律,采用两节课连排的方式扩充了美术课堂的时间。其中七彩画笔课程、巧玩画笔课程、缤纷水彩课程的开设旨在培养学生了解不同绘画方式,感受不同绘画方式的魅力;国画清风课程注重学生绘画水平培养的同时,更注重学生对传统文化知识的习得;我型我塑课程、剪纸艺术课程、初级版画课程和衍纸艺术课程主要通过实践操作培养学生动手能力,让学生在做中体验美、欣赏美、感受美;变废为宝课程旨在让学生将习得的美术技巧运用到生活当中,欣赏美的同时学会如何创造美,培养学生的思维能力和创新能力,让学生感受到生活处处都是美好的。

"趣味科学"课程群以小学科学课程为核心,引入万物传说、时间旅途、智慧自然界、健康快车、铠甲寻梦、月球探宝等有意义的、专题式的模块拓展课程,构建丰富多样的课程群。"趣味科学"课程群注重学生在学习中的主体作用、注重活动过程中的探究和实验,从而培养学生的探究能力和激发学生的创造热情。

"趣味科学"课程群以小学科学课程内容为主要参考,选择一些有趣、有意义的内容为主题设计,成为各个科学活动模块。教师根据模块内容提前让学生分组准备材料,进行调查研究、设计活动方案,这样不仅让全体学生提前行动起来,更让他们成为活动的设计者、组织实施者,全面调动了学生的自觉能动性,让学生对科学课程产生浓厚的兴趣,从而促进科学素养的提升。

(二)"七彩学科"的评价

学生是教育的主体,也是活动的主体,对课程群建设作出评价和实施管理的中心应该是从事活动的学生。学生通过活动获得发展的评价,取得的成绩也是评价课程群建设最合理因素之一。依据七彩教育理念,结合学科特点,制定"七彩学科"评价表。(见表3-4)

表 3-4 "七彩学科"评价表

评价项目	评价标准	权重分	得分
学科理念	基于课程需求,指向学科核心素养,突出学科特点,更加贴近学生需要,更加突出七彩育人目标。	10 分	
学科建设方案	突出学科特色,具有时代性、科学性、针对性、前瞻性,方案的表述有严谨的学科哲学,逻辑性强,可操作性强。	20 分	
学科课程内容	围绕学科核心素养进行准确定位,突出重点,内容丰富。能满足学生多元发展需求,充实学生的学习生活,丰富学生的学习体验,能实现"让每一个孩子拥有多姿多彩的童年",让"向彩虹出发"成为一种可能。	20 分	
学科课堂教学	正确的教学目标、丰富的课堂教学活动、提高学生的综合能力,有意识地进行学科学习及学法指导,重点放在自主、互动、生成。	20 分	
学科学习与质量	根据学科特点完成课程目标,全方位,全过程考查学生的"学"和教师的"教",各环节充分发挥特长,尊重个体差异,因材施教,培养优秀的"七彩少年"。	10 分	
学科教研	组建一支求真务实的学科团队,建立常态有效的教学研究、评价制度,进行有效的课后反思。	20 分	
得分:		100 分	

三、设置"七彩走班",有效实施走班课程

"七彩走班"依托学校现有的常规班级模式,基于学生的兴趣、爱好和特长等因素,重新打乱分班,于每周周四的下午进行授课。在班级的组建中,针对学生的不同层次水平进行分层划分,进而更有针对性地、更有效地实施教学。"七彩走班"的全面开展,为发掘、培养、发展学生的兴趣、爱好、特长及潜能打下了坚实的基础,为学生的全面发展和未来的职业体验和规划创造了有利条件。

(一)"七彩走班"的实施

为了让"七彩走班"有效开展,学校在对学生的课程选择上,不仅要尊重学生的兴趣、爱好、特长,还要考虑学生现有的水平和能力,让其享有自主选择的权利,让教有所依,学有所长。

"七彩走班"的前期准备。为了让学生有更多的选择和潜能发掘的机会,"七

彩走班"每学年进行一次整体调整,因而每年的八、九月份都会进行整体的规划、调整、查漏补缺,大致安排如下:首先是重新讨论上学年在"七彩走班"实施中的优势和不足,重新汇总本学年教师、学生、设施等方面的现有资源;其次对本学年的"七彩走班"进行科学、合理的规划,明确好开设的课程数、参加的学生数、开设形式、层次划分、师资搭配等多种要素;然后对学生、家长、教师进行宣传、教育、引导工作,让教师在教学中明确方向、科学实施,让学生和家长结合自身的情况合理选择课程;最后是综合把控、科学分班,结合课程内容、学生志愿填报、学生的综合情况及其他因素等进行合理的分班。

"七彩走班"分为班本课程和走班课程两种形式。班本课程主要是在一、二年级进行,一、二年级以原有行政班级为基础,每周四下午开展班本课程教学,主要开设基础类和拓展类课程。基础类课程是硬笔书法,拓展类课程包括故事大王、寓言故事、小主持人、诵读小童谣等。走班课程主要在三至六年级进行,走班课程分为四大类:生活素养类课程如剪纸、十字绣、魔术等;艺术素养类课程如儿童画、舞蹈、管乐等;体育素养类课程如乒乓球、花样跳绳等;科技素养类课程如电脑、机器人等。

"七彩走班"以行政班管理为依托,走班上课的任课教师为主要管理者,学生分组协管,上下课指定小组长进行路队管理、考勤。课堂管理以任课老师为主,采取过程性评价与终结性评价相结合的策略,在学期结束时通过静态作品展示和动态作品展示来反馈学生的学习情况。

（二）"七彩走班"的评价

评价是确保走班课程实施最好的催化剂,一门课程没有评价,其有效性、价值性必将受影响,我们依据"多元、自主、激励"的原则,探索了一套立体式的评价方式。

过程性评价:设计学校走班课程过程性评价手册,分自我评价、学生评价、教师评价。

展示性评价:分动态展示和静态展示,一是通过学校宣传橱窗或班级文化墙等形式进行阶段展示教师和学生的活动成果;二是集中展示,学期末在学校一楼大厅展示走班课程静态成果;三是利用期末总结表彰大会、学校大型活动,如六一儿童节文艺汇演、元旦联欢活动等向家长及社会展示走班课程的动态成果。

问卷式评价：发放教师、学生、家长问卷调查表，教师问卷主要针对课程研发的意义、成效等方面，学生、家长问卷则对走班课程实施的建议、满意度进行调查。

四、创设"七彩社团"，丰富学校课程内涵

"七彩社团"是学校课程建设的重要组成部分。它能充分挖掘学生的内在潜力，发展学生的自身特长和技能，提高学校品牌质量。通过社团活动的开展，能有效地拓展和延伸课堂教学的内容，进一步丰富学生的校园文化生活。因此，"七彩社团"的创设对发展学生兴趣与特长，培养学生的个性，促进学生核心素养的全面发展有着重要意义。

（一）"七彩社团"的实施

学校根据师资情况及学生兴趣特长，共开设了三大类14个社团。（见表3-5）

表3-5 "七彩社团"社团安排表

社团种类	社团名称	培养目标	学习内容
运动类	灌篮高手	通过社团活动，培养对篮球运动的兴趣，掌握篮球运动的相关技能，了解篮球运动的历史。	篮球技巧与配合
	快乐宝贝	塑造良好身形和健康体魄，培养良好的运动习惯，培育充满活力的时代少年。	健美操动作技巧
	绳彩飞扬	了解跳绳的历史，掌握花样跳绳的基本技巧，在学习中体验成功的乐趣。	花样跳绳动作技巧
	武术小子	通过学习掌握长拳、刀枪、太极等武术的基本技能，培养坚持不懈、自强不息的精神和良好的武德。	长拳、刀、枪、太极的动作技巧
	足球少年	通过训练强健学生体魄，在训练过程中掌握足球运动的基本技能和战术，培养顽强拼搏的精神。	足球技巧与配合
	飞鹰田径	掌握田径技巧，培养更高、更快、更强的奥运精神。	田径技能和体能训练

社团种类	社团名称	培养目标	学习内容
美术类	童衍无忌	掌握衍纸的基本方法和技巧,通过学习,能用简单的部件组装精美的作品,培养较高的审美能力。	衍纸技法
	多彩油画	了解油画的历史,通过学习掌握油画的绘画技巧,提高审美能力。	油画技法
	七彩版画	掌握版画制作的简单方法,培养构图及设计能力,感受传统美术的魅力。	版画技法
	聪明伶沥	掌握沥粉画的绘画技巧,制作具有一定难度的作品,培养热爱生活的美好情趣。	沥粉画技法
音乐类	七彩民乐	掌握竹笛、古筝等传统乐器的演奏方法,培养热爱祖国传统文化的情感。	民族乐器演奏方法
	管乐声声	了解并掌握西洋乐器的演奏方法,培养良好的音乐欣赏能力。	西洋乐器演奏方法
	轻舞飞扬	在舞蹈表演中进一步体会各种舞蹈步伐的特点,培养舞蹈学习的兴趣和节奏感。	舞蹈知识和舞蹈技能
	梦想合唱	提高演唱水平和演唱技巧,提升音乐修养和自身素质。	发声方法、合唱技能

（二）"七彩社团"的评价

为了保障"七彩社团"的实施,学校从活动计划、活动设计、活动资料、学生参与率、活动效果、荣誉加分六个方面对"七彩社团"进行评价。采用每周的活动开展情况评价与学期末的综合评价相结合的方式,并对评比出的优秀社团进行奖励。（见表3-6）

表3-6 "七彩社团"社团评价表

社团名称	负责教师	活动计划（15）	活动设计（15）	活动资料（20）	学生参与率（20）	活动效果（30）	荣誉加分（20）
灌篮高手							
快乐宝贝							

社团名称	负责教师	活动计划(15)	活动设计(15)	活动资料(20)	学生参与率(20)	活动效果(30)	荣誉加分(20)
绳彩飞扬							
武术小子							
足球少年							
飞鹰田径							
童衍无忌							
多彩油画							
七彩版画							
聪明伶沥							
七彩民乐							
管乐声声							
轻舞飞扬							
梦想合唱							

五、开设"七彩节日",浓郁课程实施氛围

为浓郁校园文化,学校以传统节日课程、现代节日课程、校园节日课程为互动主题,努力构建"七彩节日"课程。打造春节、元宵节、端午节、中秋节等传统节日课程,让学生了解中国传统节日文化,传承中华优秀传统文化;开展现代节日课程,引导学生关注生活,增强生活仪式感;设计校园节日课程,丰富学生课余生活,发展其个性特长。

（一）"七彩节日"的设计与实施

学校通过举行节日展示活动以及主题队会的形式对七彩节日进行实施,在实施过程中学生以表演、手抄报、制作手工等形式传承中华优秀传统文化。利用升旗仪式或校园文化让学生进行节日宣传,让学生在丰富的活动体验中感受节日氛围,体验节日乐趣。（见表3-7）

表 3-7 "七彩节日"课程

课程名称		课程内容	课程实施
校园节日课程	读书节	好书漂流　好书朗读　好书荐读　读书感悟	全校开展,全员参与,在课程中体验、锻炼、成长。
	游戏节	体质健康测试　跳绳赛　篮球赛　接力赛	
我们的节日课程	传统节日	春　节:写春联　剪窗花　包饺子　学民俗	在每周一节的少先队活动课实施。以少先队独有的课程形式,突出队员的小主人地位,辅导员适当指导。
		元宵节:做花灯　吃元宵　小元宵　巧手做	
		端午节:包粽子　念屈原　爱国情　我传承	
		中秋节:乐团圆　赏明月　阖家亲　吃月饼	
		重阳节:敬长辈　学感恩　做家务　孝长亲	
		腊八节:腊八节　文化深　继传统　我能行	
	现代节日	元旦节:迎新年　嘉年华　秀才艺　展风采	
		母亲节:好妈妈　我来夸　念恩情　报母恩	
		教师节:念师恩　忆师情　点滴事　见行动	
		国庆节:我的梦　中国梦　中国娃　我骄傲	

(二)"七彩节日"的评价

节日课程评价的过程中,全校师生和家长们共同参与评价。制定了节日课程评价表,对每个节日活动的方案设计、活动情况、活动效果、后期管理进行评价。(见表3-8)

表 3-8 "七彩节日"课程评价表

评价内容	评 价 标 准	星级评价
方案设计	主题鲜明,有良好的教育意义;创意新颖,符合身心发展特点;形式多元,打破时空、教材界限。	☆☆☆☆☆
活动情况	学生主体,充分展现自我;团队合作,群体共同解决问题;师生互动,共同完成活动课程。	☆☆☆☆☆
活动效果	实践体验,在体验中完成课程;乐享活动,师生活动兴致高昂,收获良多。	☆☆☆☆☆

评价内容	评价标准	星级评价
后期管理	及时总结,师生共同总结课程活动情况;记录反思,回看课程所达到的效能;形成经验,为今后此类课程积累经验。	☆☆☆☆☆
总评	☆☆☆☆☆	

六、推行"七彩研学",落实研学旅行课程

学校开展"七彩研学"研学旅行课程,结合郑州当地特色,融汇科学、人文、艺术等领域,开展研学旅行课程,丰富学生的生活经验,形成对自然、对社会、对自我的整体认识,发展创新精神、实践能力,以及良好的个性品质。

（一）"七彩研学"的设计与实施

学校根据学生身心发展特点,紧扣独特的地理人文优势,结合学校的办学理念和育人目标,制定独具特色的研学课程,包括自然之旅、家乡之旅、探索之旅、科技之旅、体验之旅、红色之旅等。（见表3-9）

表3-9 "七彩研学"课程安排

年级		课程名称	地点	课程目标	课程内容
一年级	上期	自然之旅	西吴河公园	了解春天的变化,感受春天的美好,培养爱护环境的意识。	走进东吴河公园,做树叶拼贴画。
	下期		动物园	认识各类动物的种类及生活习性,培养保护野生动物、保护生态环境的意识。	走进动物园,了解动物习性。
二年级	上期	家乡之旅	黄河游览区	激发对家乡的热爱,增强环保意识。	参观黄河游览区,初步感受炎黄文明。
	下期		商城遗址	触摸商都历史,感受古都新貌,弘扬传统文化,成为一名文明的旅行者。	走进商城遗址,了解管城历史,热爱管城。

年级		课程名称	地点	课程目标	课程内容
三年级	上期	探索之旅	河南博物院	了解家乡的历史,激发对家乡的热爱;了解社会的发展历程。	参观河南博物院,了解河南文物。
	下期		河南地质博物馆	体会科技对生活和生产的重要影响。	了解相关地质知识,了解化石形成的过程。
四年级	上期	科技之旅	郑州市气象科普馆	感受科学的魅力,激发对科学的热爱。	参观郑州市气象科普馆,了解有关气象知识。
	下期		郑州市科技馆	善于发现并提出问题,能够选择创造性的方法解决问题。	参观科技馆,了解科学常识,初步培养科学精神。
五年级	上期	体验之旅	污水处理厂	了解污水处理过程,培养环保意识。	了解污水处理知识,明白污水处理常识。
	下期		管城区检察院	培养知法、守法意识,做合格小公民。	普及相关法律知识,了解检察院办案流程。
六年级	上期	红色之旅	党史馆	了解中国共产党的历史进程,缅怀革命英烈,珍惜幸福生活。	参观党史馆,了解党的历史和英雄事迹。
	下期		郑州二七纪念塔	学习英雄先进事迹,培养团结协作、意志坚强的品质。	参观二七纪念塔,了解二七大罢工。

在课时安排方面,小学一至二年级平均每学期不少于半天;小学三至六年级平均每学期不少于一天。

研学旅行出行前,通过家长委员会、致家长的一封信或召开家长会等形式告知家长研学旅行的活动意义、时间安排、出行线路、费用收支、注意事项等信息,也可邀请少数家长作为志愿者陪同。学校要做好安全预案,同时了解学生的身体状况,明确学生要携带的物品,带好常备药物,要求学生统一穿着校服。

研学旅行过程中,严格按照学校制定的方案实施,由教师和家长志愿者带领学生对课程中设计的自然景观、人文景观等进行学习和探究。班主任老师要全面负责本班情况，确保每一名学生的安全，同时在研学旅行中提醒学生注意言行规范。

研学旅行结束后，学校组织研学成果交流会。低年级以交流会、读写绘、思维导图等形式分享旅行收获；中高年级还以书写游记、制作 PPT、绘制手抄报、摄影展等形式分享旅行收获。

（二）"七彩研学"的评价

研学课程是以实践性、活动性为主，引导学生在大自然中探寻、在社会生活中历练，从而获得知识的一种学习方式。评价方式包括过程性评价和综合性评价。过程性评价包括学生参与活动的时间、次数、认真程度，以及思考问题、积极动手动脑、主动提出活动设想或建议、认真查找资料、准时完成计划和学习任务的程度和效果作为评价的依据。综合性评价以收获与反思为评价内容，让学生在不同研学阶段有所思，有所获。可以通过学生的日记、活动征文、主题班会等形式来反映，并展示活动成果。（见表 3-10）

表 3-10 "七彩研学"评价表

	评价内容	星级评价
知识方面	学生行为规范和文明礼仪的掌握情况，对科技知识在人们生活中运用的体会。	☆☆☆☆☆
能力与方法方面	健康环保的生活和旅行习惯的养成情况；清晰地表达自我，倾听他人的见解，体会他人的感受；在与他人交往时，做到和平相处、交流；在集体中，形成自我认知、团结协作、团队管理、人际交往等能力的情况；形成"发现并提出问题，选择创造性的方法解决问题"的能力；改善搜集和处理信息的能力和方法。	☆☆☆☆☆
情感态度价值观方面	乐于动手动脑，能够自理生活，学会乐观做事；身心健康，养成热爱集体、团结协作、意志坚强的品质；养成解决问题的高效率和高质量习惯；热爱祖国大好山河，成为一名自觉文明的旅行者。	☆☆☆☆☆
总评	☆☆☆☆☆	

七、举行"七彩仪式",丰富学生人生经历

"七彩仪式"在学生生活中占据着非常重要的位置,仪式承载着深厚的文化与历史,更蕴含着丰富的德育功能。仪式教育活动因其庄严神圣的特征和思想政治引领与道德价值引领的丰富内涵,可以有效促进学生价值观的形成与行为习惯的养成。

(一)"七彩仪式"的实施

学校通过"七彩仪式"教育,凝聚形成文化资源,在师生的精神世界中占据重要的位置。为了使"七彩仪式"课程有效实施,教师、学校、家长、社区等多个层面需团结协作,共同参与。学校应统一管理仪式课程的实施,明确具体负责部门及责任人,做到统筹安排,按时开展,保证效果,从而达到课程育人、活动育人的目的。(见表3-11)

表3-11 "七彩仪式"课程安排表

课程名称		课程内容	课程实施
仪式课程	开学典礼	假期成长秀风采、崭新计划发布会。	全校师生全员参与,在隆重活泼的仪式中实践锻炼。
	散学典礼	总结学习成果、表彰优秀、鼓励进步。	
	入学仪式	走红毯过彩虹门成为小学生,认识老师,熟悉班级,尽快适应新生活。	
	入队仪式	学习少先队知识、礼仪,光荣加入少先队。	
	十岁成长礼	集体庆祝,回味成长经历,体验成长快乐,感悟生命的精彩,为童年生活留下值得珍藏的美好记忆。	
	毕业仪式	形象展示、多元呈现六年学习成果,感恩母校,扬帆起航。	
	升旗仪式	每周一誓,每周一诵,每周一星,榜样引领,收获成长。	

(二)"七彩仪式"的评价

学校设计的"七彩仪式"课程,是孩子们校园生活的重要组成部分。"七彩仪式"课程潜移默化地将学生的素养发展、精神润泽和生命丰盈,内化为人格力量。对在"七彩仪式"课程中表现优秀的学生,颁发证书,予以充分肯定和鼓励,并计入

学生成长档案。（见表3-12）

表3-12 "七彩仪式"课程评价表

评价内容	评价标准	星级评价
学生主体	以学生为主体贯穿整个仪式,学生积极参与。	☆☆☆☆☆
主旨明确	仪式主旨明确,思想性强,有良好的教育意义。	☆☆☆☆☆
程序严谨	仪式的程序严谨,有着鲜明的政治属性。	☆☆☆☆☆
形式庄严	用庄严的仪式给予使命感、责任感、荣誉感。	☆☆☆☆☆
方法创新	时代感强,结合喜闻乐见的形式开展仪式活动。	☆☆☆☆☆
内容完整	仪式内容完整流畅,获得感强。	☆☆☆☆☆
总评	☆☆☆☆☆	

八、创设"七彩空间",落实创客教育课程

学校的"七彩空间"作为创客教育和创客活动的平台,设有专用创客教室,配置了相关器材,开展创客类课程,进行创客活动。在"七彩空间",学生们可以接触最前沿的软件、电子、机械、新能源等科学技术,可以将想法运用所学知识动手实现。在碰撞、分享的自主、开放氛围中,他们的想象力被激发、创新能力被培养、自主学习与思考的能力得到锻炼。"七彩空间"必将引领更多的学生走上爱科学、爱学习的道路。

（一）"七彩空间"的实施

学校的"七彩空间"是以现代科学技术为基础,整合本校的教学模式、师资特点、地域优势等资源,结合专业技术团队力量来打造的校园创客空间。"七彩空间"着力设计了以3D打印课程、小机器人课程、魔术课程等为代表的创客精品课程,课程基于现实情境,设置学习探究任务,通过问题研究、任务分解、项目设计、模型搭建、数据实证、评价分享等环节,有效提升学生的科学素养,极大地锻炼了学生的动手实践能力、创新思维能力、解决问题能力和团队合作能力。（见表3-13）

表 3-13 "七彩空间"课程安排表

课程名称	课程内容	上课形式
电脑	基本知识、操作,常规软件应用及输入法训练等。	走班上课、信息技术课
小园艺师	园艺师基本知识、常规技能,常见植物的养护,花木造型设计等。	走班上课
3D打印	了解3D打印、三维设计样品、三维打印和制作等。	走班上课、社团
机器人	拼装、编程等。	走班上课、社团
科学实验	小制作、小实验等。	科学课
魔术	魔术基本知识、术语、经典、分类魔术学习及表演。	走班上课

（二）"七彩空间"的评价

"七彩空间"不同于其他课程,评价也有它自身的独特性。在进行"七彩空间"课程评价时,是从学生和教师两个方面进行的:学生方面主要看能否制作、展评创客作品,能否团队协同工作,能否反省自己的不足并改进等;教师方面主要看能否创新创客教学方法,能否提出明确的评估指标,能否鼓励创客尝试和冒险等。

为此,我们设计以下评价表来评价教师和学生,以了解课程实施效果。(见表3-14)

表 3-14 "七彩空间"课程评价表

评价对象	评价内容	星级评价
学生	课程学习活动中,注意力集中、积极主动、参与度高;创新协作、发散思维、解决问题等能力得到训练与提高。	☆☆☆☆☆
	展示分享成果时,有热情有活力、能抓住重点关键点,能对同伴成果做出点评和提出改进思路并创造性地激发对方。	☆☆☆☆☆
	善于反思和总结,能主动总结自己的收获和不足并提出下一步改进计划。	☆☆☆☆☆

评价对象	评价内容	星级评价
教师	在课程设计与组织教学时，有具体明确的课程目标、活动及评价方案。	☆☆☆☆☆
	会使用多样化、实用性强的评价手段；注重过程性评价，采用交互性评价和学分制评价方式并能有效实施评价。	☆☆☆☆☆
	能发挥学生主体、教师主导作用，引导学生乐于创新、积极创作。	☆☆☆☆☆
总评		☆☆☆☆☆

综上所述，课程需要不断完善，文化需要不断积累，更需要在传承中创新。我们深知：在"七彩教育"路上，一定多荆棘和挫折，但只要学校的每一位教师能共同努力，我们定会欣然行走在"七彩教育"之路上，学校的"七彩教育"之路将愈行愈远，"七色光课程"将越来越灿烂……

（撰稿者：李政玲　靳红莉　张晓霞　闫平玉　虎鹏　闫仿国）

第四章
社会交往：学校课程的动态情境

　　教育、课程、儿童等都处在一定的社会关系中，也都是社会关系的产物。学校课程与儿童天然具有共情、同理的基础，也自然具备交往、互动的条件。这样看来，课程的实践过程就是交往，儿童的成长过程也是交往。学校通过整合资源、搭建平台、创设多种形态、多种可能的生活交往情境，促进儿童课程社会化、生活化，使儿童感受到人与环境的依存关系，体会到人与人之间情感的交流互动。

小帆船课程：
让每一个孩子生活在幸福的港湾

商都管城，古都新颜；

菁菁校园，生机无限。

幸福港湾，爱的起点；

小小帆船，启航港湾。

港湾路小学建校于 2006 年，是河南省正商置业地产公司投资建设并交给政府管理的公办小学，占地面积 12 539 平方米，建筑面积 12 882 平方米。校园绿树环绕，安静优雅，配有多媒体教室、美术教室、科学实验室、心理咨询室、录播室、报告厅等多种功能室。现有教学班 50 个，学生 2 648 名；有专任教师 138 人，其中高级职称 4 人，中级职称 49 人，获得省市区级骨干教师、名师、学术技术带头人等荣誉称号的教师共 14 人。建校 15 年来，先后获得河南省绿色学校、河南省家长示范学校、郑州市心理健康教育示范校、郑州市教育科研工作先进单位、郑州市中小学综合实践活动先进单位、郑州市小学德育先进单位等荣誉称号。学校坚持用科学发展观指导办学实践，打造美好教育，办人民满意的学校。我们依据《教育部关于深化课程改革落实立德树人根本任务的意见》的精神，推进学校课程方案的制定和实施，取得了显著成效。

第一节　探索幸福教育的意蕴

一、学校教育哲学

我校的教育哲学是:幸福教育。"幸福"是什么？在《辞海》里的定义是使人心情舒畅的境遇和生活。在古希腊,苏格拉底认为一个人有智慧就幸福;亚里士多德认为德行好的人就幸福。在我国,孔子认为"己悦"没有"众乐"幸福;范仲淹觉得"先天下之忧而忧,后天下之乐而乐"才是幸福;文天祥说"人生自古谁无死,留取丹心照汗青"就是幸福。可见,幸福是一种感受,是一个人的需求得到满足时的深刻体验。

一切教育活动都是为了孩子一生的幸福。因此,"幸福教育"是以人的幸福情感为目的的教育,要培养能创造幸福、享受幸福的人,是学校的教育价值观及内涵方法论。

——"幸福教育"是有信仰的教育。我们致力于培养幸福的港湾学子,把"追求幸福"当成一种使命、一种担当和一种信仰。

——"幸福教育"是有灵魂的教育。我们尊重每一个生命的独特性,因材施教,激发每一个孩子的潜能,努力打造有灵魂的教育。

——"幸福教育"是有温度的教育。我们关注学生成长中的点滴,鼓励学生悦纳自己,享受每一次在成长过程中获得的幸福感。

——"幸福教育"是有未来的教育。我们着眼于学生德智体美劳的全面发展,从而使学生具备能够适应终身发展和一生幸福的品格和能力。

在方法论方面,我们要通过思考幸福教育、开发幸福课程、探索幸福课堂、开展幸福德育、投身幸福工作五个方面的实践和思考,最终让每个学生在港湾路小学的六年里,成为可以认识幸福、感受幸福、创造幸福的人,实现我们的幸福教育梦。

基于上述教育哲学,我们将学校的办学理念确定为:为每一位儿童守望幸福的港湾。

我们的教育信条是：

我们坚信，

美好的教育是幸福的源泉；

我们坚信，

幸福教育是用爱心唤醒爱心的教育；

我们坚信，

每一个儿童的成长都是一次幸福的旅程；

我们坚信，

每一次幸福的旅程都有丰富多彩的课程相伴；

我们坚信，

给予儿童追求幸福的权利和能力是教育的神圣使命。

二、学校课程理念

我们的课程理念是：让每一个孩子生活在幸福的港湾。教师是认真、负责、有思想的，学生是自信、快乐、有好奇心的。教师不仅要创造自我幸福，还要培养学生的幸福观、幸福品质和获得幸福的能力。我们认为：

——课程即生命畅想。课程是尊重生命成长规律的。学校为学生提供适应每一个生命特点和需求的课程，进一步促进学生素质发展、潜能开发，使其感受生命成长的快乐，领略幸福成长课程满足生命成长的魅力。

——课程即幸福体验。课程是全面开展幸福教育的活动载体。我们不断开发与生活联系密切的课程，唯有让学生在课程中获得幸福体验，才能帮助其自身得到发展并适应社会的发展，为其一生的幸福打造精神底色。

——课程即个性张扬。课程是鼓励每一个学生张扬个性的。学校根据学生年龄特点、场地设施等，设置不同的特色课程，给学生提供激发兴趣的舞台，助力学生展现自我、彰显个性，从而让学生获得进步感和满足感，产生幸福感。

——课程即智慧世界。课程是引导每一个学生勇于创新、发现世界的重要途径。我们增加探索与发现课程的比例，促进学生创新思维、发散思维的形成，使每一个学生都成为一个会学习的人，让智慧成就幸福人生。

综上所述,我们将"幸福教育"下的港湾路小学课程模式命名为"小帆船课程"。孩子们在"小帆船课程"的滋养下,汲取养分、幸福成长。六年后,他们能够信心满满地离开爱的港湾,扬帆起航。

第二节　悦动生机盎然的童年

学校课程是为育人目标服务的。因此，要确立学校的课程目标，首先要有学校明晰的育人目标。

一、育人目标

我校的育人目标是培养"礼善、睿智、优雅、体健"的港湾学子。

——礼善：明理感恩，乐于助人；

——睿智：博学善思，敢于创新；

——优雅：兴趣广泛，致于审美；

——体健：身心健康，勇于拼搏。

二、课程目标

育人目标是通过课程目标达成的。我校依据国家相关要求和学校实际形成了以下六个年级的课程目标。（见表4-1）

表4-1　"小帆船课程"分年级课程目标

课程目标 年级	礼善	睿智	优雅	体健
一年级	爱上学校，喜欢班级；在学校里情绪稳定，心情愉快；尊敬老师、尊敬长辈；按时作息，生活有规律；喜欢和同学、老师交往，高兴地学，愉快地玩；认识	能用音序和部首检字法查字典，学习独立识字；会根据拼音朗读充满童趣的文本；养成听说读写的良好习惯，能就感兴趣的内容提出问题；能认真听	学习运用基本的艺术技能，创造性地表达、交流自己的情感和思想；探讨我国民族艺术的风格特征和文化历史背景，学会珍视各民族艺术的价值；培	适应新的环境、新的学习生活，乐于与老师、同学交往，初步建立人际关系；对体育课表现出学习兴趣；乐于参加各种游戏活动；积极、愉快地上体育课、健康课，

课程目标 年级	礼善	睿智	优雅	体健
	角色任务,培养积极乐观的学习情趣,建立良好的行为习惯。	别人讲话,努力了解讲话的主要内容;能在教师的指导下,从日常生活中发现和提出简单的数学问题,并尝试解决;体验与他人合作交流解决数学问题的过程。	养对舞蹈的兴趣;掌握舞蹈的基础知识和基本技能;了解关于书法方面的基本知识,认识"写好字"在生活中的重要性。	积极参加课外体育活动,不旷课,主动完成学习任务。
二年级	爱上班级,愿意为班集体服务,遵守班规,团结同学;爱上学习,愿意主动完成作业,勤奋学习;养成良好的饮食和个人卫生习惯;生活中自己能做的事情自己做;亲近自然,喜欢在大自然中活动,感受自然的美。	有表达的自信心;积极参加讨论,对感兴趣的话题发表自己的意见;借助读物中的图画阅读;阅读浅近的童话、寓言、故事,向往美好的情境,关心自然和生命,对感兴趣的人物和事件有自己的感受和想法,并乐于与人交流,对身边与数学有关的事物有好奇心,能主动参与数学活动;感受数学活动中的成功,能尝试克服困难。	感受和理解不同艺术作品和艺术表现蕴涵的情感和思想,获得对人类情感的体验;培养正确的身体姿态,规范的动作,优美的舞姿,高尚的气质,开发学生自身的艺术潜能;学习素描、色彩,对各种工具和性能有基本的了解。	在好行为好习惯的训练中培养"做一个好学生"的意识;学会体谅他人,诚实待人;乐于学习和展示简单的运动动作;向同伴、家人展示学会的运动动作。学习横队和纵队看齐、向左(右、后)转等基本动作。
三年级	初步具有爱祖国、爱家乡的思想感情;爱护家庭和公共环境卫生,爱护动植物,节约资源,	掌握一定的阅读技巧,养成良好的阅读习惯;敢于质疑自己感兴趣的问题;诵读优秀诗文,	在生活经验和艺术经验的相互作用与转换中,获得用艺术的方式表现和美化生活的能力;体验、	掌握必要的学习方法,培养集中注意的能力,有计划地提高注意品质;进一步激发学习兴趣;在班队

课程目标 / 年级	礼善	睿智	优雅	体健
	为保护环境做力所能及的事；遵守校纪、拥有公德，能自觉以《行为规范》约束自己的行为；能看到自己的成长和进步，并为此而高兴；在成人帮助下能较快地化解自己的消极情绪。	注意在诵读过程中体验情感，领悟内容；背诵优秀诗文50篇（段）；能清楚明白地讲述见闻，并说出自己的感受和想法；能提出学习和生活中的问题，有目的地搜集资料，共同讨论；初步形成数感和空间观念，感受符号和几何直观的作用；感受数学与生活有密切联系。	了解和反思艺术的创造与表现，提高审美情趣，达到身心的和谐与愉悦；学会识别并领会不同地区与时代艺术符号的文化含义；尝试艺术手段与科技手段的结合，对自然、环境、生命科学等内容进行艺术创造和表现；感受作品的风格特点，了解作品的主要表现手法。	活动中善于与更多的同学交往，萌发集体意识，树立正确的偶像观；主动参与运动动作的学习；主动观察和评价同伴的运动动作；会示范所学的运动动作；能愉快地参加新的情景类、角色扮演类、竞赛类等体育游戏和体育活动。
四年级	懂得感恩教师、感恩父母、感恩社会；能融洽地与人相处，拥有良好的性格；在成人的引导下学会正确地对待自己的学习成绩；在成人帮助下能定出自己可行的目标，并努力去实现；学习欣赏自己和别人的优点与长处，并以此激励自己不断进步。	能复述叙事性作品的大意，关心作品中人物的命运和喜怒哀乐；养成读书看报的习惯，收藏并与同学交流图书资料；课外阅读总量不少于40万字；留心周围事物，乐于书面表达，增强习作的自信心；进一步认识到数据中蕴涵着信息，发展数据分析观念；在观察、实验、猜想、验证等活动中，发展合情推理能力，能	让学生赏析优秀音乐曲目，体现音乐旋律美，促进学生对美的认识和追求，进行审美教育；培养孩子艺术情趣，初步具有艺术审美意识；培养孩子美术技巧，初步具有艺术操作能力；通过聆听乐曲，加深对乐曲情感表达方式、表现手法的理解，能够参与演唱活动中的即兴表演；培养学生具备初步的书法艺术	锻炼有意识记忆的能力，增进记忆品质；掌握一定的社会行为规范，提高学生的社会适应能力；自觉地控制和改变不良行为习惯，初步学会休闲时提高自我保护意识；积极参与体育活动；自觉参加体育与健康课的学习；积极参与课外的各种体育活动。

课程 目标 年级	礼善	睿智	优雅	体健
		进行有条理的思考,并能表达自己的思考过程与结果。	欣赏能力。	
五年级	热爱祖国的传统文化、具有遵守社会公德的意识和文明行为习惯;在生活中遇到问题时,愿意想办法解决;敢于尝试有一定难度的任务或活动;做事认真负责,有始有终,不拖拉;爱父母长辈,体贴家人,主动分担力所能及的家务劳动。	养成面对困难保持乐观的心态,阳光地处理学习问题;掌握学习的相关技巧,养成敢于提问、善于思考的习惯;诵读优秀诗文,注意通过诗文的声调、节奏等体味作品的内容和情感。背诵优秀诗文60篇(段);与人交流能尊重、理解对方。乐于参与讨论,敢于发表自己的意见;能探索分析和解决简单问题的有效方法,了解解决问题方法的多样性;经历与他人合作解决问题的过程,尝试解释自己的思考过程。	让写字课堂成为展示自我个性的舞台;获得用艺术的方式表现和美化生活的能力;体验、了解和反思人类情感如何丰富艺术的创造与表现,提高审美情趣,达到身心的和谐与愉悦;学会识别并领会不同地区与时代艺术符号的文化含义;尝试艺术手段与科技手段的结合,对自然、环境、生命科学等内容进行艺术创造和表现,促进科学思维和艺术思维的连接与互动。	引导学生树立学习苦乐观,激发学习的兴趣、求知欲望和勤奋学习的精神;培养正确的竞争意识;鼓励参与社会实践活动,提高做事情的坚持性,建立进取的人生态度,促进自我意识发展;养成良好的体育锻炼习惯;能描述有规律的体育锻炼对健康的益处;定期进行体育锻炼,如一周两次或三次。
六年级	具有良好的思想品质和阳光自信的性格;具有乐于助人的品质,能够帮助需要帮助的人;愿意为集体服务,有团	扩展自己的阅读面,课外阅读总量不少于100万字;对自己身边的、大家共同关注的问题,或电视、电影中的故事	通过参与歌曲的即兴表演,从而体会歌曲表达的内涵;能分辨人声,并能用深情的声音表达歌曲的思想感情;了	学习利用时间,获取"一分辛勤一分收获"的愉悦感;形成正确的集体意识及友谊观,克服不良的小团体意识,培养面

课程目标 / 年级	礼善	睿智	优雅	体健
	队合作意识，不攀比；能初步分辨是非，做了错事勇于承认和改正，诚实不说谎；了解家乡的风景名胜、主要物产等有关知识，感受家乡的发展变化。	和形象，组织讨论、专题演讲，学习辨别是非善恶；能回顾解决问题的过程，初步判断结果的合理性；愿意了解社会生活中与数学相关的信息，主动参与数学学习活动；在他人的鼓励和引导下，体验克服困难、解决问题的过程，相信自己能够学好数学。	解艺术想象、审美要求对科学技术发展和产品设计的影响。了解科学发现、科技进步对艺术发展的促进作用；学会在观察、体味中揣摩字体艺术，观察能力和写字热情得到提高。	临毕业升学的适当态度；进行初步的青春期教育；说服和带动他人进行体育活动；与家人或朋友共同参与体育活动；收集家人和朋友参与体育活动的反馈信息。

总之，"小帆船课程"以关注每个孩子的全面发展、关注学生核心素养的整体落实为出发点，进一步构建课程体系，以实现每一个孩子全面、持续、和谐的发展。

第三节　打造缤纷活力的课程

为实现育人目标和课程目标,我校建构"小帆船课程"体系。

一、学校课程逻辑

学校基于"幸福教育"的哲学思想以及学校课程目标,建构了"小帆船课程"体系。"小帆船课程"体系包括至善课程、至慧课程、至真课程、至美课程、至健课程五大类课程。以下是"小帆船课程"逻辑示意图。(见图4-1)

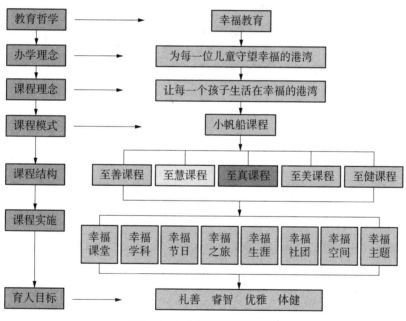

图4-1　"小帆船课程"逻辑图

二、学校课程结构

根据学校教育哲学以及多元智能理论,我们将学校"小帆船课程"分为至善课程、至慧课程、至真课程、至美课程、至健课程五类课程。基于此,学校确定课程结

构图如下:(见图 4-2)

图 4-2 "小帆船课程"结构图

上图中,各类课程内涵如下:

至善课程指品德与修养类课程。通过节日课程、研学课程等相关拓展课程的实施,培养学生良好的行为习惯和高尚的道德修养。

至慧课程指语言与交流类课程。通过语文、英语及相关拓展课程的实施,培养学生的听说读写能力,提高学生的人文素养。

至真课程指科学与思维类课程。通过数学、科学以及相关拓展课程的实施,培养学生的探索精神,提高学生的创新和团队协作能力。

至美课程指艺术与审美类课程。通过音乐、美术以及相关拓展课程的实施,培养学生感受美、欣赏美、创造美的能力,提升学生的艺术素养。

至健课程指运动与健康类课程。通过体育、心理健康、生涯辅导等相关拓展课程的实施,学生锻炼自我、学会生存,提高适应社会发展的能力。

三、学校课程设置

我校"小帆船课程"涵盖国家课程、地方课程和学校课程。"小帆船课程"设置如下:(见表4-2)

表4-2 "小帆船课程"设置表

年级	学期	至善课程	至慧课程	至真课程	至美课程	至健课程
一年级	上期	入学课程 沟通无限 学会整理书包	探寻传统文化 走进拼音王国 童心童诗	财商启蒙 生活中图形 神奇实验	奥尔夫音乐启蒙 灵动节奏 快乐折纸	宝贝立正 快乐啦啦操 跑向终点 这就是我
	下期	我是小当家 时间之约 我是少先队员	童趣童诗 读绘本润童心 生活中的声音	寻找规律 分类与整理 单片积木拼接	行走的音符 我唱童谣 实物拓印	玩转篮球 快乐啦啦操 认识我的身体 个性特征
二年级	上期	开学第一课 班级是我家 祖国的生日	春之歌 童话故事城堡 诵读农耕古诗	对称之美 计算小能手 趣味造物	节奏大师 小小设计家 创意捏塑	快乐足球 原地青蛙跳 接力小明星 情绪万花筒
	下期	我是小商人 诚实你我他 我给地球妈妈 洗洗脸	读诗识字 小故事大道理 舌尖上的美食	计算小达人 数据收集整理 巧手木工	我是小歌手 剪纸艺术 舞动的精灵	沙窝青蛙跳 快乐足球 个人卫生 小常识 与同理心为友
三年级	上期	开学第一课 感恩的心 队旗伴我成长	生命之歌 走进童话世界 字母操	触摸表面积 位置和方向 奇幻魔术	天籁之音 石头彩绘 舞动的青春	篮球绕"8" 投掷健将 乒乓乒乓 学习变奏曲

年级	学期	至善课程	至慧课程	至真课程	至美课程	至健课程
	下期	你好，困难！ 诚信是金 十岁成长礼	小故事大道理 祖国山河 美如画 Chant 集锦	数字编码 长方形和正 方形 科幻画	舞蹈秀 墨韵飘香 神奇皱纹纸	绳舞飞扬 田精灵 快乐篮球 注意力大考验
四年级	上期	开学第一课 寻找身边最 美少年 祖国发展我 成长	品鉴古诗词 田园生活 走进英文歌	再看三角形 运算定律 故事创编	小小指挥家 乐器小能手 国画之美	脚飞毽球 奔跑的精灵 踊跃一跳 向阳少年
	下期	我的事情我 做主 爱护公物 从我做起 走进果树所	战争与和平 名著之约 英语剧入门	生活中的平 均数 观察物体相 声	港湾的声音 京味十足 图案拼拼拼	体操小达人 体能训练团 健康小卫士 学习优势大 盘点
五年级	上期	开学第一课 健康生活 绿色上网 我是文明小 使者	童年趣事 品三国学成语 英语趣配音	探索长方体和 正方体 空间位置 即兴思维	"coro"合唱 港湾的声音 学会照相	奔跑的旋律 健康知识 我了解 原地垫球 职业启蒙面 面观
	下期	我是小法官 劳动最光荣 勤俭节约从 我做起	走进西部 学会与别人 沟通 英语趣配音	揭秘长方体和 正方体 空间位置 即兴表演	港湾的声音 我是指挥家 指尖上的港湾	奔跑的旋律 体能训练 投篮高手 人生旅程
六年级	上期	开学第一课 安全你我他 祖国发展我 成长	中华民风民俗 外国名篇名著 English reader	鸽巢问题 有趣的平衡 小编剧	国画达人 港湾的声音 想唱就唱	千米竞赛 一跳冲天 百发百中 未来已来

年级	学期	至善课程	至慧课程	至真课程	至美课程	至健课程
	下期	我对父母说 争做出彩河南人 毕业感恩	小故事，大道理 科学家的故事 英语写作	自行车里的学问 圆柱的表面积 走进幽默	器乐演奏家 剧场主人 校园彩绘	生理常识 体能秀 锦囊妙计 集体的力量

以上五类课程并不是相互独立的，而是形成了相互关联的整体，共同指向每位儿童的发展。

第四节 构建多样化的课程路径

　　课程实施就是为学生创设幸福感的过程,让教师享受教育幸福的历程,让学校彰显"幸福教育"育人特色的进程。港湾路小学从"至善课程""至慧课程""至真课程""至美课程""至健课程"五类课程入手来践行"让每一个孩子生活在幸福的港湾"的理念,实现"小帆船课程"目标。课程评价就是引领"小帆船课程"开发的引擎,是把握五大类课程的方向盘,是支撑实施效果的框架。课程实施与评价体现了对课程的贯彻与执行,是一个行动的过程,是将课程的意识形态转化为老师和学生行动的过程,从而实现课程内在的意义。

一、建构"幸福课堂",有效实施课程

　　幸福课堂应该是真实的、智慧的、润泽的课堂。

(一)"幸福课堂"的实践操作

　　首先,幸福课堂是真实的课堂。它是基于真问题、真探究、真总结的真实课堂。在课堂上,创设唤起学生学习需要的情境问题,鼓励学生根据个人情况提出自己不懂的问题,通过问题的研究来解决学生的真实困难。遇到需要小组共同解决的问题,给学生留出足够的时间自主探究。教师退一退,让学生自己讨论提出解决方案;教师等一等,让学生有更多的时间去交流、去思考。创设平等、和谐、相互尊重的课堂环境帮助学生在体验和实践中获得学习方法,将总结出的学习方法举一反三,真正解决生活中的实际问题。

　　其次,幸福课堂是智慧的课堂。它体现在网络平台上的以趣促学、以知促学、以评促学。随着互联网技术的迅猛发展,学校每个班级都装有"班班通"设备,课堂上,教师通过优教通网络平台上的信息,激发学生的兴趣点,有效导入课堂新知,让学生对知识的探究充满兴趣。随着新问题的不断生成,针对不同的学生群体设计分层实践练习,真正做到"分才分层、智者加速",做到以知促学。利用优教通、校信通、微信等多种平台对学生的学习动态进行即时、动态的评价,做到以评促学。

最后,幸福课堂是润泽的课堂。它体现在语言润泽、赞赏润泽、情绪润泽上。润泽的语言能激发学生学习的积极性和主动性,在师生之间形成心灵的互动,达到语言润泽的目的。幸福课堂中,教师要善于发现学生的亮点,经常使用"你真棒!""你了不起!"等鼓励性的语言,使学生产生愉悦感,从而润泽学生的心灵,这是赞赏润泽。教师在走进课堂之前就必须消除一切不良情绪,以端庄自然的姿态出现在教室里,以满面春风面对学生,这是情绪润泽。

(二)"幸福课堂"的评价标准

幸福课堂要有一套完善、科学、规范的评价标准来评价。评价标准如下:(见表4-3)

表4-3 "幸福课堂"评价表

类别	解读标准	效果
教学目标	1. 学习目标紧扣课标,体现教材特点,真正适合学情。	
	2. 学习目标指向核心素养,将"三维目标"有机融合,真正明确、可操作、可检测。	
教学内容	1. 内容主线清晰,重难点非常突出,真正做到循序渐进,使其学有所获。	
	2. 根据学情,设计不同层次的内容结构,让其真正学会。	
	3. 课堂评价真情实感、及时多样、激发学习动力。	
教学文化	1. 真正做到分层教学,鼓励提出真正不会的真问题,教师能照顾到不同层次的学生。	
	2. 用问题引领学生主动探究,给学生足够的时间,通过真正的讨论去解决实际问题。	
	3. 教师真正参与学生探究活动,能兼顾到各个层面的学生。	
	4. 学生参与展示交流,态度积极,教师关注是否真正掌握、有效生成,并给予真实的评价。	
教学方法	1. 教师大量使用多媒体信息,将信息技术运用到课堂中,激发学生的学习兴趣。	
	2. 教师充分利用网络平台,对知识点进行巧妙分层,鼓励学生自主自学、合作探究、多元互动。	
	3. 通过优教通等网络平台,整合信息,鼓励学生质疑,并表现出一定的质疑能力。	
	4. 通过PPT、网络等信息技术对学生的课堂表现进行数据评价,调动学生的学习积极性。	

类别	解读标准	效果
师生关系	1. 教师有语言魅力，能够创设宽松、民主、融洽的教学氛围。	
	2. 教师通过赞赏学生的某种学习能力，鼓励学生乐学、会学。	
	3. 教师情绪稳定，并引导学生快乐学习。	

二、建设"幸福学科"，全面丰富课程

学科教学是实施教育的主要载体，学科教学的内容主要来源于国家基础教材。学校以"幸福学科"课程推进学科拓展课程的建设和实施，目的是减轻小学生过重的学业负担，养成良好习惯，激发学生兴趣、好奇心和求知欲，培养健康体魄，提升综合素养。

（一）"幸福学科"的建设路径

"幸福学科"是教师基于教材和课程标准，自主开发的适合儿童需求，指向儿童幸福生活和成长的课程，是全面培养学生核心素养和突出学科特点的课程群。

1. "畅享语文"课程群

我校"畅享语文"课程群分为基础性课程和拓展性课程。基础性课程主要培养学生终身发展和适应未来社会所需的共同基础，拓展性课程主要满足学生的个性化学习需求，开发和培育学生的潜能和特长，培养学生的自我认知和自我选择能力。

依据国家有关方针政策，"畅享语文"课程群以国家统编教材为载体，落实国家课程。拓展性课程以《义务教育小学语文课程标准（2022年版）》为依据，关注小学语文学科核心素养、结合学生的发展特点以及我校学生的特质，从识字与写字、阅读与鉴赏、表达与交流、梳理与探究等方面，按年级分阶段设计了30门课程。纵向来看，由浅及深，体现螺旋上升；横向来看，涵盖各年级五个维度的学习，在字词基础上进行听说读写的训练，体现环环相扣。

识字写字课程。识字写字的内容为书法艺术、说文解字、汉字解读等，旨在为学生自主识字打下基础，培育学生主动识字的兴趣，提高他们的识字能力，从而热爱祖国语言文字。

精品阅读课程。精品阅读的内容为书中识趣、书不释手、开卷有益、悦读分

享、博览群书、知书达理等,旨在提高学生独立阅读的能力和兴趣,学会运用多种阅读方法,培养较为丰富的语言积累和良好的语感。

口语交际课程。口语交际的内容为津津乐道、说来话长、妙语连珠、言之有理、能言善辩、声情并茂等,旨在创设真实的情境,让学生学会倾听、表达与交流,初步学会运用文明的语言进行人际沟通和社会交流。

快乐习作课程。快乐习作的内容有:你说我写、乐写善思、跃然纸上、妙笔生花、绘本飘香、多维习作等,旨在运用语言文字进行表达和交流,通过快乐习作认识世界、认识自我并进行创造性表述过程。

综合性学习课程。综合性学习的内容有:学来乐用、用以促学、学以致用、妙用善思、学用相长、知行合一等,旨在通过语文综合性实践活动,促进学生养成合作、分享、积极进取等良好的个性品质和交往能力。

2."趣玩数学"课程群

我校"趣玩数学"课程主要满足学生的个性化学习需求,让学生经历动手实践、自主探索与合作交流的学习过程,培养学生的应用意识和创新意识。课程分为"动手操作""数学文化""数学日记""思维导图"四大类别,具体描述如下:

动手操作课程是创设生活情境,解决生活中真实存在的问题。具体有"制作年历""购物小达人""节约用水""生活中的数学"和"行动中的数学"等,培养学生用数学知识解决实际问题的能力,积累学生的生活经验,提高学生解决现实问题的能力。

数学文化课程注重对数学文化的追寻,定期举办"数学文化节"活动,主要探究数学知识的来源,如"分数的形成过程"等让学生对知识的本质属性加强认识;举办"数学家的故事"演讲比赛增进学生对数学家的崇拜,激发学生追求真理的信念。

数学日记课程作为数学应用课程,主要引导学生学习、交流、感悟生活中的数学。学会用"数学日记"的形式把自己学到的数学知识应用在生活中并解决生活中遇到的问题,数学日记课程引导学生主动记录生活的数学知识,体会数学的价值。

思维导图课程主要以三至六年级为主,三、四年级重点训练发散思维和将知识系统化的能力;五、六年级重点进行思维整理及系统性训练,通过日常训练的设计,让学生在应用中快速形成自主应用思维导图的能力。

3. "灵动英语"课程群

"灵动英语"课程群是基于"英语学习促进学生发展"的课程理念,对教学情境、学科知识与技能等方面进行规划设计、组织实施的课程体系。课程群以《义务教育英语课程标准(2022年版)》为核心,强调以趣激学、以动导学,让学生在灵动的英语课程中获得更多的兴趣和自信心,提升学习英语的幸福感。课程群分为说唱类、表演类、视听类、读写类四类课程。根据学生英语语言能力循序渐进地发展特点开展教学,以保证英语课程群的整体性、渐进性和持续性。

说唱类课程是让学生在字母操、chant等音乐律动的课程中,感受"能用英语做事情"的乐趣,有利于培养学生在英语学习中敢于开口、乐于参与的语言学习习惯。

表演类课程是根据小学生爱表现的年龄特点,开设走进英语歌、英语剧入门等表演类课程,为学生创造在真实的语境中运用语言的机会。通过体验、参与、探究、合作,学生逐步掌握英语语言的知识和技能,保持英语学习的信心。

视听类课程即开设英语趣配音、英语电影片段赏析等视听类课程,让学生借助图像、文字等,看懂程度相当的英语动画片和英语节目,模仿纯正的英语发音,拓宽自身的文化视野,培养学生浓厚的英语学习兴趣和创造性运用语言的能力。

读写类课程即开设English Reader(英语朗读者)、英语写作等读写类课程鼓励学生有感情地朗读自己喜欢的课内外文本,用英语写出简单的个人观点和感受。通过读写类课程逐步实现语言知识的内化提升实际语言运用的能力。

4. "悦动体育"课程群

"悦动体育"课程群是依据新的《义务教育体育与健康课程标准(2022年版)》,以"健康第一"作为指导思想,强调以学生为主体,发展学生的创造精神和实践能力。结合学校现有场地及设施,开设"悦动体育"课程群。课程群分为"径"无止境、跳跃达人、健身操、快乐篮球四类课程,从而提升学生身体素质,促进学生身心全面发展。

"径"无止境课程是以奔跑为主的兴趣练习,利用操场跑道,开设接力赛、大渔网、你追我赶等趣味运动,让学生在快乐中喜欢上跑步,进而提升跑步的速度。

跳跃达人课程分为单人单跳、单人双跳、三人交互跳绳等内容。跳绳是锻炼全身性、综合性的运动项目,通过跳跃达人课程,促进学生身体的协调性、增强呼吸系统的功能发育。

健身操课程以"青春魅力"健身操、"神采飞扬"啦啦操为主套路,开发适合小学生的系列啦啦操,让学生在舞动身体的同时,加强四肢协调,发展腹肌力量,体验自身美感。

快乐篮球课程是以篮球的灵动性、团队协作性为基点,充分利用学生的兴趣点,使学生在学习过程中掌握运球、传球、上篮等基本技能,使其在运动中快乐,在快乐中运动。

5."典雅音乐"课程群

"典雅音乐"课程群是以《义务教育艺术课程标准(2022年版)》为基础,以"音乐审美为核心"理念,开发欣赏类、演唱类、演奏类、综合类四类课程,为学生提供生动有趣、丰富多彩,有鲜明的时代感和民族性的学习内容,引导学生主动参与音乐实践,尊重个体的不同音乐体验和学习方式,为学生终身喜爱音乐、学习音乐、享受音乐奠定良好的基础。

欣赏类课程是一种审美活动,通过教学能有效地培养学生感受美、鉴赏美、创造美的能力,音乐欣赏不仅能扩大学生的音乐视野,发展形象能力,还能使学生获得丰富的音乐知识,懂得音乐的各种表现手段。

演唱类课程根据小学生年龄的特点学唱儿歌、童谣、民歌、流行歌曲、戏曲,让学生积极地参与演唱活动,培养学生能够自信地,有感情地演唱歌曲,培养学生用自然的声音、准确的节奏和音调有感情地参与演唱。

演奏类课程是带领学生认识简单的课堂打击乐器,初步进行简单的乐器演奏,能够用简单的乐器为歌曲伴奏。中高段学生能够积极地参与各种演奏活动,并对自己和他人的演奏做出简单的评价。

综合类课程根据小学生好动、模仿力强的特点,利用舞蹈和游戏相结合的手段进行律动,培养学生乐观的生活态度,提高学生的审美能力,发展其创造性思维,形成良好的人文素养。

6."绘趣美术"课程群

"绘趣美术"课程群是依据《义务教育艺术课程标准(2022年版)》,通过对学校美术课程情境的分析,开发出的衍纸艺术、快乐黏土、砂纸绘画、彩绘脸谱、趣味折纸等美术特色课程,目的是让学生体验美术活动的乐趣,获得美术学习的持久乐趣;激发学生的创造精神,形成基本的美术素养,陶冶高尚的审美情操。

快乐黏土课程是利用超轻黏土进行创作,这种材料可塑性强、色彩艳丽,学生可自由揉捏、随意创作。

趣味折纸课程是以纸张来创作,把纸折成不同的形状,开发学生的思维,锻炼学生的综合协调能力,包括手、眼和大脑。

砂纸绘画课程是利用油画棒在砂纸上进行绘画,砂纸表面有细腻的颗粒状物体,并产生丰富的色彩和层次。

衍纸艺术课程是用专用工具将细长的纸条通过卷、捏、拼贴,制作成形状各有不同的"零件",组合成一幅幅有趣的作品。

彩绘脸谱课程是让学生描画脸谱中优美流畅的线条,通过脸谱的对称装饰,锻炼学生创作思路中的逻辑思维。

（二）"幸福学科"课程的评价

根据学校"幸福课程"的内涵,从以下内容对"幸福学科"课程群进行评价:

有符合学科特点的课程理念,提炼和形成独特的学科理念,凸显学科特色。

有内容丰富的学科课程体系,学科课程内容丰富,学科活动体验多样,调动学生参与的兴趣,满足学生的成长需求;有体现学科特色、切实可行的课程建设方案;有行之有效的课程实施路径,实施方式多样;有创新高效的教师培养途径,创新学科教研活动和学科团队建设;保障学科课程的推进与实施。

三、创设"幸福节日",浓郁课程氛围

节日庆典是对中国传统文化的传承。学校开设"幸福节日"课程,通过丰富多彩的节日活动,帮助学生追溯历史文化,传承中华文明。

（一）"幸福节日"课程的实施

"幸福节日课程"分为传统节日课程、主题节日课程和校园节日课程三类。

"传统节日课程"是通过学校主题月活动,学生理解传统文化习俗,传承中国文化习俗,充分体验作为中国人、港湾人的幸福感。传统节日课程实施内容如下:

(见表 4 - 4)

表 4 - 4　传统节日课程实施内容

月份	节日	主题	活动
一月	春节	欢欢喜喜过大年	写对联、包饺子、送祝福
二月	元宵节	走进元宵节	赏花灯、猜灯谜、吃元宵
三月	清明节	寄情思	网上祭英烈、随家人扫墓
五月	端午节	端午习俗	挂艾草、包粽子、念屈原
八月	中秋节	浓浓中秋情	赏月、吃月饼
九月	重阳节	敬老爱老	品诗歌、讲习俗、走进敬老院

"主题节日课程"是通过丰富多彩的中队活动,引导学生关注生活,增强生活仪式感,其实施内容如下:(见表 4 - 5)

表 4 - 5　主题节日课程实施内容

时间	节日	主题	活动
1月1日	元旦	辞旧迎新	元旦联欢、新年规划
3月8日	妇女节	为家中的女性送去祝福与关爱	为家中的女性长辈做一件力所能及的事并分享
5月1日	劳动节	劳动最光荣	讲劳动节的由来、"今天我是值日生"评选劳动榜样
6月1日	儿童节	节日活动 毕业感恩	跳蚤市场、我的节日我做主、毕业系列活动
9月10日	教师节	尊重老师	了解教师节的来历、感恩教师
10月1日	国庆节	讲英雄故事	请老红军讲战争故事,重温那段艰苦岁月

"校园节日课程"是以学生的校园生活为依托,由学生自主设计校园文化课程,增强学生的责任心和参与度,其实施内容如下:(见表 4 - 6)

表 4-6 校园节日课程实施内容

时间	节日	主题	活动
二月	安全节	安全小卫士	了解安全知识,进行安全演练
三月	雷锋节	学习雷锋好榜样	雷锋故事会、我来学雷锋
四月	读书节	朗读者	"亲子共读""师生共读"交流分享活动
五月	相声节	"港湾社"相声集锦	单口相声、群口相声、经典相声活动
六月	答谢节	我毕业了	感恩教师、感恩父母、感恩母校
九月	迎新节	我上学了	小学生行为习惯等入学课程
十月	法制节	我是小法官	法律宣传展、法律小讲堂、模拟法庭活动

（二）"幸福节日"课程的评价

"幸福节日课程"从课程活动方案设计、活动实施、活动效果等方面进行评价,其评价内容如下:(见表 4-7)

表 4-7 "幸福节日课程"评价细目表

评价内容	评价标准	权重分	得分
活动方案	1. 内容选择恰当并与教育目标相对应。 2. 内容能联系学生实际生活、符合学生身心发展规律。 3. 活动能激发学生的学习动机,引发学生表现出自己的真实水平。	30 分	
活动实施	1. 教师在活动过程中全面地把握目标,为学生的自主学习和生动活泼的发展提供充分的空间。 2. 学生在活动中探究,在探究中发现和解决问题,引导学生得出有价值的观点或结论。	50 分	
活动效果	1. 学生在活动中参与率高。 2. 学生在活动过程中态度积极。 3. 活动设置中体现合作精神。 4. 活动秩序井然,安全性高。 5. 活动扎实创新,达成预设目标。	20 分	
合计得分			

四、推行"幸福之旅",落实研学课程

研学课程是根据学校区域特色、学生年龄特点和各学科教学内容需要,组织学生通过集体研学、集中食宿的方式走出校园,拓展视野、丰富知识,加深与自然的亲近,感受不同的历史文化。

(一)"幸福之旅"课程的实施

"幸福之旅课程"是带领学生探秘家乡自然文化和人文文化的课程,通过上网查找相关资料、实地观察验证、动手体验、深化互动、交流探讨等学习方式,让学生感悟家乡美,激发学生对家乡、对祖国的热爱之情。"幸福之旅课程"实施内容如下:(见表4-8)

表4-8 "幸福之旅课程"活动实施内容

年级	主题	地点	研学大纲	课程形式
一	社区体验	社区	1. 社区文化 2. 社区功能	1. 团队组建、知识讲解 2. 参观游览、景点寻访 3. 知识问答、情景体验 4. 研学手册、经验分享
二	黄河文明	郑州黄河游览区	1. 黄河母亲的故事 2. 中华文明的前世今生 3. 黄河地质文明 4. 中华文化的繁荣与发展	
三	探寻科技奥秘	郑州市气象馆	1. 认识各种气象记录符号 2. 观测云量、天空状况、天气现象 3. 了解如何整理气象资料	
四	亲近自然	郑州市果树研究所	1. 了解简单的果树分类知识 2. 了解它们的生态环境和用途	
五	职业体验	管城区普法中心	1. 学习法律知识 2. 模拟法庭	
六	探寻历史	管城区党史馆	1. 重温党的历史 2. 追寻红色记忆	

（二）"幸福之旅"课程的评价

"幸福之旅课程"的评价是为了促进研学课程的建设和优化，促进学生的全面发展，评价内容如下：

有系统的课程设计，每次的研学旅行有明确的研学目标、研学内容、评价方式；有充分的课程实施准备，周密的课程实施安排；有丰富的课程体验内容，让学生在最真实的场景下留下独特、美好的感受；有足够的安全保障，有安全方案和应急预案，以确保课程的顺利进行。

五、聚焦"幸福生活"，做实生涯辅导

生涯发展教育是以学生发展为本，既着眼于学生当下生活，又着眼于学生未来发展的教育。

（一）"幸福生活"课程的实施

建立生涯教育主题社团，成立生涯教育家长联盟，开发生涯教育模式，建立生涯教育长效运行机制。

利用社会实践树立学生实践动手意识，培养学生适应社会的能力。建立生涯教育社会实践基地形成社会实践活动流程。根据实践基地的性质，定期定主题开展活动。以"请进来，走出去"为主线开发课程。

完善生涯教育融合课程教研制度、优质课评比制度，通过生涯教育学科融合，奠定学生宽厚的文化基础。

在生涯教育中，生涯导师是学生终身发展的重要指路人，而家长就是最具主体地位、主导功能的导师群体，开发生涯教育智慧家长课程，提升家庭和谐进步的能力，美化学生成长环境。

（二）"幸福生活"课程的评价

生涯辅导的评价着眼于学生的未来，为学生一生的幸福指明方向。因此，生涯课程从以下几点进行评价：

以幸福人生为价值导向，引导学生不断调节和完善自我价值信念体系，渗透多元的幸福观。

以未来幸福的可持续发展为指向，帮助学生认识学习是为了促进自我能力的不断完善。

以面向全体与尊重个体为原则,既面向全体学生,又尊重个体差异,使每个人在未来的社会角色中发挥自己的特长,体验幸福的人生。

六、创建"幸福社团",活跃学校课程

"幸福社团课程"通过提高学生的审美,提升学生对自然和人生的感悟,使学生获得更丰富的精神陶冶。

(一)"幸福社团"课程的实施

幸福社团需要以真入美、以美启真,更需要强化管理,营造出美育氛围。幸福社团在实施过程中要加强社团与各学科之间的联系,拓宽教育教学思路。我们让社团课程融入到各学科当中,在实施过程中通过配音、录像、图解、小品等形式,以优美动听的旋律,新颖的艺术构思,娓娓动听的朗读,使学生在不知不觉中领会课文的内容,同时受到美育熏陶。

适时开展社团课外活动,推动社团教育全面深入发展。每学期,学校都会利用课余时间开展合唱、舞蹈、管乐、剪纸、书法等社团比赛,每周二、四下午进行集中训练,使每位学生都能在艺术领域找到自己的发展空间。每年开展大型"诗歌节""管乐节"等展演活动,以多种形式吸引全校师生参与社团中的艺术实践。

(二)"幸福社团"课程的评价

幸福社团的实施需要通过评价进行检验,并对社团的发展进行指引。因此,幸福社团的评价要遵循以下几点:

社团的组织建设合理,各种管理制度完善,活动内容以及目标的设定符合学校"幸福教育"的理念。

社团的开设真正符合学生发展的需要,依据《中小学艺术课程标准》,能够体现社团课程的情感价值、文化价值。

社团有成熟的教研团队,独特的教学模式。通过音乐、美术、戏剧、舞蹈、影视等社团活动,学生获得感受美、创造美、鉴赏美的能力。

有完整的教研活动记录、社团活动记录、艺术展演成果等系列活动资料。

七、设计"幸福空间",落实创客教育

为了培养港湾学子的创新精神,我校开设"幸福空间课程",学校创建"科学实

验室""OM创客教室""乐高机器人室"等创客空间,空间内设备齐全,为学生动手、动脑提供硬件条件。

（一）"幸福空间"课程的实践操作

结合我校实际情况,学校开设科学实验、乐高机器人、OM三类创客课程。

科学实验课程。教给学生基础的科学原理,涉及物理、化学、地理、生物等多种学科知识,培养学生的思考能力、观察能力和动手操作能力。

乐高机器人课程。鼓励学生动手拼装,在"皮带传动"、"齿轮传动"等原理下,拼出形象逼真的物品,被称为"无所不能的乐高"。

OM课程。OM课程是依据世界头脑奥林匹克比赛项目开设的课程,主要有表演类、创作类、思维类课程,引导学生通过观察去发现、通过动手去创新。

（二）"幸福空间"课程的评价要求

创客课程要求学生综合运用各个学科的基础知识与基础技能,通过创意思维、动手实验等途径,培养学生的创客精神、科学精神。基于我校实际情况,制定以下评价要求:

有立足亲身体验,对话科学与生活,培养创客精神的课程理念;有问题切身、学科综合、成果可见的课程内容;成立学习小组,以"主题——探究——表达"为基本的学习方式;有专业的教研团队,学期有方案、课时有计划、活动有记录;每学期开展一次以教学展示为主题的教研活动。

八、守护"幸福童年",开展跨学科项目课程

幸福童年课程是基于儿童立场,以童为本、以趣为要、以探为先,能为学生留下童年回忆的课程。

（一）"幸福童年"课程的实施

学校围绕"探究""展示""幸福"等关键词,开展"童年与文明同行""童年美食""童年剧场"等跨学科课程,引导学生明辨真善美,为学生的幸福童年奠定基础。

童年与文明同行课程涉及人与人、人与社会、人与自然之间的文明,引导学生追求个人道德完善,主动维护公众利益,遵守社会公德。

童年美食课程通过学生对美食文化、饮食习惯、美食烹饪等方面的了解,培养健康的饮食习惯,提高美食修养。

童年剧场课程,通过组织开展"想唱就唱""课本剧""超级演说家"等活动,为学生提供展示的平台,体验丰富多彩的童年生活。

(二)"幸福童年"课程的评价

"幸福童年"的课程从主题的选定、目标的设定、过程的参与、成果的展示四个方面进行评价如下表。(见表4-9)

表4-9 跨学科项目课程实施表

评价指标	评 价 内 容	评价分值 (在相应栏内打"√")		
		★	★★	★★★
主题的选定	以课程标准为核心,主题鲜明,切实符合儿童童年特点。			
目标的设定	以发展学生的个人素养为本,保护学生的幸福童年为目标。			
过程的参与	活动由学生自编自演,教师适当指导,为学生提供展示的舞台。			
成果的展示	充分展示学生的探究能力、动手能力、合作能力,挖掘学生个人潜力。			

总之,"小帆船课程"秉承幸福教育的教育哲学,使"让每一个孩子生活在幸福的港湾"不仅仅成为一种愿景,更是融入到课程建设的方方面面。我们坚信,在"幸福教育"的影响下,一批批"礼善、睿智、优雅、体健"的港湾学子正在茁壮成长!

(撰稿人:张国举　魏敏　宋书彦　崔亚利　王宇慧　贾可飞)

第五章
生命情愫：学校课程的内在张力

　　儿童天真活泼、灿烂无比，他们的身上蕴藏了多种可能性。学校教育应从儿童的需要出发，构建符合儿童身心特点的课程，挖掘儿童生命自身的潜力。在课程规划实施的过程中，教师要把教育的过程看作是一个促进儿童生命不断成长与完善的过程，以促进儿童成就自我，即让儿童成长为眼中有光、心中有爱、身心健康、积极进取、知行合一，拥有充满生命内在张力的独立个体。

心之灯课程：
让每一个孩子与世界明亮相遇

郑州市管城回族区五里堡小学，始建于 1950 年，早期隶属管城回族区十八里河乡文教组，属村办小学，办学规模小，师资力量薄弱，校舍极其简陋。随着时代发展和城市框架的不断拉大，1996 年管城回族区人民政府将郑州市管城回族区五里堡小学易址重建，新校址位于城东南路弓庄南街 1 号（现玉城街 52 号），并将学校划为区属小学，学校的硬件设施、师资力量有了显著提升，办学规模逐步扩大。2008 年，全省首家小学校园科技馆落户我校。2015 年，由宋庆龄基金会捐建的中华校园国学堂成为全国百所中第一所国学教学示范点。2017 年，管城区外国语学校小学部在我校挂牌成立，使学校发展迎来了新的契机和挑战，发展也步入了快车道。同年，学生生源自起始年级，全部来自于辖区内适龄儿童，不再招收外来务工子女。一流的设施为学校两千多名学生的勤奋学习、快乐生活、全面发展、个性张扬提供了强有力的保障。学校拥有"开心农场"、300 米跑道的塑胶运动场、陶艺特色教学基地、扬琴培训中心、"爱丽丝书屋"、大型的报告厅、舞蹈厅和创客空间。三十余亩的校园，雅致、温馨、绿化、美化、儿童化的特色，充盈着浓浓的文化氛围。

七十余载的发展历程，使得学校有着丰厚的文化底蕴，有着成熟的管理和教学经验，更有努力向前不断生长的空间。学校现有学生 2 780 人，54 个教学班，先后荣获了全国中小学信息技术教育先进单位、全国百所小学"手拉手"活动实验学校、河南省绿色学校、省家长示范学校、省防震减灾科普示范学校、郑州市人民满意学校、郑州市文明校园……

我们依据《教育部关于深化课程改革，落实立德树人根本任务的意见》《中共中央　国务院关于深化教育教学改革　全面提高义务教育质量的意见》等文件精神，研制本校课程规划，推进学校课程建设，取得了显著成效。

第一节　诠释生命生长的价值

"读史可以明智，知古方能鉴今。"前人的智慧教育影响着一代又一代新生的力量。郑州市管城回族区五里堡小学地处商都历史文化区，区域内丰富的历史文化遗产为学校的课程建设提供了丰富资源。在学校的教育发展历程中，我们非常重视对学生品行的塑造，把培养什么样的人始终放在重中之重。

一、学校教育哲学

我们认为，每一个孩子之于家庭都是相对独立的、唯一的、自我的，儿童的成长具备无限可能。儿童是家庭的未来、社会的未来、民族的未来，儿童的成长需要教育的关爱与引导。教育的过程，就是一个促进生命不断成长与完善的过程，其核心意义就是促进自己成长为更好的自己，即眼中有光、心中有爱、身心健康、积极进取、知行合一，拥有"光亮"之人。

基于以上思考，我们将学校教育哲学提炼为"明亮教育"。在现代汉语词典中，"明亮"一词含有"闪耀、强烈、光亮"之意。明亮，给人一种希望和力量，让人拥有安全感。明亮的事物，是耀眼夺目的、生机勃勃的；明亮的世界，是视野宽广的、博识多学的；明亮的心境，是澄澈的、乐观豁达的；明亮的童年，是朝气蓬勃的、五彩斑斓的；明亮的人生，是灿烂的、光芒四射的。

——"明亮教育"是有温度的教育。教育有了温度，儿童的成长才会有热度。儿童在成长的过程中不断地吸收来自教育的"光"和"热"，才会储存自身的能量，才会拥有向前奔跑的力量。

——"明亮教育"是充满希望的教育。明亮总给人以希望，催人奋进。明亮教育就是要唤醒儿童的各种潜能，播种人生的希望，向着明亮的远方前进！

——"明亮教育"是引领成长的教育。明亮亦是一种方向，犹如大海里的一盏明灯，指引着儿童不断超越自我、完善自我、提升自我，最终成为更好的自我。

——"明亮教育"是树立自信的教育。有自尊才会产生自信，有自信才敢去远航！明亮教育就是保护儿童自尊,树立儿童的自信。我们保护儿童的天性,珍视每个儿童的个性化成长,尊重、理解、悦纳儿童,并致力于在课程实践中建构儿童个性化成长的通道,让每一个儿童找到适合自身成长的路径。

基于以上教育哲学,我们提出学校的办学理念:向着明亮的远方。

我们的教育信条是:

我们坚信,

教育是明亮的对话;

我们坚信,

学校是精神灿烂的地方;

我们坚信,

精神明亮是优秀教师的特质;

我们坚信,

每一个孩子都是心灵澄澈的超越者;

我们坚信,

向着明亮的远方是学校教育最美的姿态;

我们坚信,

让每一个孩子与世界明亮相遇是教育的神圣使命。

二、学校课程理念

每一个儿童内心都是纯粹的、洁净的,他们的世界又是五彩斑斓的、充满生机的。他们应该朝着应有的方向不断生长、不断前进。因此,我们将学校的课程理念确定为:让每一个孩子与世界明亮相遇。

——课程即个性生长。学校为孩子们提供多样化的课程,不但为孩子们提供各种各样经历的机会和平台,而且帮助孩子实现自我的跨越,从而为孩子的未来提供成长的土壤,成就无限可能。

——课程即明亮对话。课程不是单一的指向,而是双向的互动,更是一个无声语言对话的过程。我们的课程设置,要为儿童搭建对话的平台,追求对话的品质,实现儿童与课程的完美融合,从而丰富儿童的核心素养。

——课程即文化相遇。随着多元课程的实施,必将为儿童带来丰富的文化元素,提升儿童的文化内涵。学校提供的每一门卓越的课程,都要让学生与文化相遇,和美好相约!

——课程即丰富经历。每一个课程,都将开启儿童的美好之旅。儿童在一次次的旅行中,不断收获风景,得到历练和成长。这个过程能使儿童开阔视野,增长见识,丰富自身,提升自我,从而和更好的自己完美相遇。

总之,学校课程就是要为每一个孩子点亮心中的那盏明灯,激发他们向着美好的未来进取。因此,学校将课程模式命名为"心之灯"课程。我们期望,学校课程可以为实现"让每一个孩子与世界明亮相遇"架设桥梁。

第二节 激发生命内在的活力

学校课程是为育人目标服务的。因此,确立学校的课程目标,必须首先明晰学校的育人目标。

一、育人目标

基于"向着明亮的远方"的办学理念,我们致力于培养学生拥有明亮的视野、明亮的心境、明亮的童年,做精神明亮的人。因此,我们将育人目标确立为:培养"健康、活泼、乐学、自信"的人。

——健康的儿童:培养"爱运动、乐生活"的少年儿童;

——活泼的儿童:培养"爱探索,富情趣"的少年儿童;

——乐学的儿童:培养"爱学习,勤思考"的少年儿童;

——自信的儿童:培养"爱家国,有自信"的少年儿童。

二、课程目标

基于上述育人目标,参照国家课程方案、各学科课程标准和学校实际情况,我们将培养目标进行细化,形成分年级的课程目标。(见表5-1)

表5-1 "心之灯课程"分年级目标

育人目标 年级目标	健康的儿童 爱运动、乐生活	活泼的儿童 爱探索、富情趣	乐学的儿童 爱学习、勤思考	自信的儿童 爱家国、有自信
一年级	学习适应学校生活;积极参与体育锻炼活动,感受到体育活动给自己的生活带来的乐趣;会做1—2项体	会自己穿衣服,系红领巾,系鞋带,能主动整理书包和文具;言谈举止文明,喜欢艺术活动,喜欢画画,初步	喜欢学习,初步体验学习的快乐;培养良好的读书习惯、书写习惯、听讲习惯等,自觉完成作业的习惯,学	知道什么是梦想;感受父母之爱,尊敬老师,团结同学,爱班级,爱学校;认识国旗、国徽,会唱国歌,知道

育人目标 年级目标	健康的儿童 爱运动、乐生活	活泼的儿童 爱探索、富情趣	乐学的儿童 爱学习、勤思考	自信的儿童 爱家国、有自信
	育运动游戏；达到国家体质健康测试标准。	感知律动。	会思考。	国庆节；拥有自信心，能大胆发言，积极参加各种展示活动。
二年级	适应学校生活；积极参与体育锻炼活动，感受到体育活动给自己的生活带来的乐趣；会做一到两项体育运动游戏；初步掌握简单的体育技术动作；达到国家体质健康测试标准。	能保持衣着整洁，言谈举止文明；喜欢艺术活动，能初步感受艺术活动给自己带来的愉悦情绪；能就感兴趣的事物仔细观察，学会提出问题，并具有探索的意识；形成基本的生活自理能力，具有一定的生活自理能力。	喜欢学习，初步体验学习的快乐；喜欢阅读绘本和浅显的童书，努力养成良好的学习习惯，学会思考。	能够初步表达自己的梦想；感受父母无私的爱，懂得孝顺父母，体谅老师，帮助同学，爱班级、爱学校；知道国旗、国徽上五星的含义。认识祖国的版图，了解家乡在祖国的地理位置。拥有自信心，能大胆发言，积极参加各种活动。
三年级	学会适度发泄情绪和控制情绪，保持良好的人际关系；培养参与体育运动的兴趣和爱好；养成坚持锻炼的习惯，形成健康的生活方式；基本掌握1—2项体育技能；达到国家体质健康测试标准；树立不怕吃苦的意识。	衣着整洁，言谈举止文明；对艺术课感兴趣，乐于参加艺术活动；对艺术和自然生活中的美感兴趣，努力培养兴趣爱好；能就感兴趣的事物仔细观察，学会提出相关问题，并勇于探索，初步养成良好的生活习惯。	喜欢学习，并有主动学习的愿望；同时能和伙伴进行简单的合作学习；喜欢阅读整本书，初步养成良好的学习习惯，勤于思考。	能明确描绘心中的梦想，为自己的梦想定制计划；开始学习关心父母，体贴父母；爱老师，愿意帮助同学，为班集体争光，热爱学校；了解中国梦的含义；拥有自信心，敢于表达，能主动参加各种比赛活动，应对各种挑战。

育人目标 年级目标	健康的儿童 爱运动、乐生活	活泼的儿童 爱探索、富情趣	乐学的儿童 爱学习、勤思考	自信的儿童 爱家国、有自信
四年级	自信,阳光,学会适度发泄情绪和控制情绪,拥有良好的人际关系;培养参与体育运动的兴趣和爱好;养成坚持锻炼的习惯,形成健康的生活方式;基本掌握1—2项体育技能;达到国家体质健康测试标准;发扬吃苦耐劳的精神。	衣着整洁,言谈举止文明;对艺术课感兴趣,积极参加艺术活动,形成自己的兴趣爱好;对学习和生活中的问题充满探索欲望,能有目的地搜集资料,勇于实践,勇于探索;能初步发现和感受艺术和自然生活中的美;生活习惯良好。	喜欢学习,并有主动学习的愿望;能和伙伴开展一定的合作学习;喜欢阅读,基本养成良好的学习习惯,勤于思考。	能从各行各业优秀人物身上感受到梦想的力量,进一步清晰自己的梦想,并能制定阶段性目标;学会向父母表达爱;学会向老师表达爱,能自觉维护班级荣誉,能维护学校荣誉;拥有自信心,敢于表达,能主动参加各种比赛活动,应对各种挑战。
五年级	自信阳光,能管理自己的情绪,如果遇到生活中的困惑,能主动寻求学校老师或心理辅导机构的帮助;积极参加体育活动,动作协调,体魄强健;掌握3—4项体育运动技能,达到国家体质健康标准;发展1项体育特长项目;初步具有坚韧不拔的意志。	衣着得体,言谈举止文明优雅;爱上艺术课,积极参加学校和社会的艺术活动,有一定的艺术特长;热爱科学,能主动发现学习和生活的问题,能通过搜集各种信息,开展研究性学习,能主动和伙伴开展一定程度的合作学习,从而解决问题;能发现和感受艺术和自然生活中的美,有一定的审美能力;热爱生活。	喜欢学习,并有强烈的主动学习的愿望,形成一定的自主学习能力;喜欢读书,具有一定的阅读速度,养成良好的学习习惯,善于思考。	能用行动编织个人梦想,在践行梦想的过程中遇到挫折不放弃;能为父母做一些力所能及的事情;强化规则意识,懂得按规则办事的重要性;开始关心国家大事。拥有自信心,善于表达,能经常参加各种比赛活动,应对各种挑战,自主克服各种困难。

育人目标\年级目标	健康的儿童 爱运动、乐生活	活泼的儿童 爱探索、富情趣	乐学的儿童 爱学习、勤思考	自信的儿童 爱家国、有自信
六年级	自信阳光,能管理自己的情绪,能做到换位思考;能充分了解自己,并对自己的能力做出适度评价;积极参加体育活动,动作协调,体魄强健,形成健康的体育锻炼习惯和生活方式;掌握 3—4 项体育运动技能,达到国家体质健康标准;发展 1 项体育特长项目;具有坚韧不拔的意志。	衣着得体,言谈举止文明优雅;爱上艺术课,积极参加学校和社会的艺术活动,有一定的艺术特长;能发现和感受艺术和自然生活中的美,有一定的审美能力;热爱科学,具有一定的科学精神,乐于探索学习和生活的问题,并能通过搜集各种信息整合信息,开展调查、实验等活动;能主动和伙伴开展一定深度的合作学习;热爱生活,具有较强的生活能力,并能创造美好生活。	喜欢学习,有强烈的学习愿望,有一定的自主学习能力;喜欢阅读多种类型的图书,具有较强的阅读能力,养成良好的学习习惯,善于思考。	知道中国梦和个人梦的关系。懂得我的梦想我担当。在追梦的过程中具有坚毅品格。能维护班集体和学校利益。关注国家大事,关心民族前途和命运;拥有自信心,善于表达,能经常参加各种比赛活动,应对各种挑战,自主克服各种困难。

综上所述,我们基于每个儿童的独特性设置了明晰的育人目标和课程目标,将儿童真正培养为"健康、活泼、乐学、自信"的人。

为实现上述育人目标和课程目标,我校着力构建"心之灯课程"体系,为孩子们点亮心中的明灯,让每一个孩子与世界明亮相遇。

一、学校课程逻辑

基于"明亮教育"之哲学和"向着明亮的远方"的办学理念,我们学校确立"让每一个孩子与世界明亮相遇"的课程理念,建构"心之灯课程"体系,包括"明语、明探、明思、明艺、明健、明德"六大类课程,并通过"明亮课堂、明亮学科、明亮社团、明亮校园、明亮之旅、明亮节日、明亮探究、明亮家庭"八种实施途径,着力培养"爱运动、乐生活、爱探索、富情趣、爱学习、勤思考、爱家国、有自信"的明亮的少年。(见图5-1)

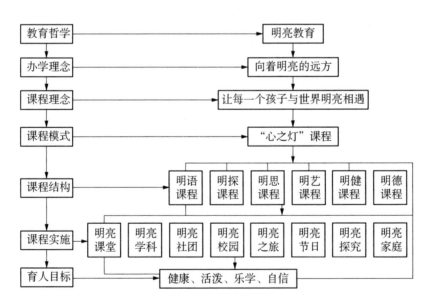

图5-1 "心之灯课程"逻辑图

二、学校课程结构

根据学校教育哲学及多元智能理论,我们将学校课程分成"明语课程、明探课程、明思课程、明艺课程、明健课程、明德课程"等六大类课程。(见图5-2)

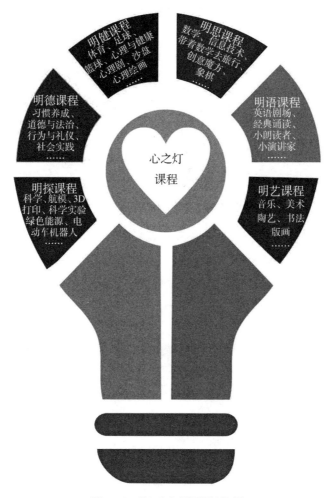

图5-2 "心之灯课程"结构图

上图中,各类课程内涵如下:

明语课程。通过语文、英语课程及相关拓展课程,如:小朗读者、国学课堂、英语剧场、英语趣配音、英语口语秀等课程,培养孩子在语言方面的听说读写及与人交流的能力,为孩子在语言智能方面的发展提供课程支持。

明探课程。通过科学、3D打印、绿色能源、电动车机器人等发展学生的科学素养及创造思维。

明思课程。通过数学、信息技术、带着数学去旅行、创意魔方、创意编程等课程,发展学生的逻辑思维能力,为学生在运用数字和推理智能方面的发展提供课程支持。

明艺课程。通过音乐、美术及相关拓展课程发展学生的艺术素养,提高学生的审美能力。

明健课程。通过体育、心理及相关拓展课程发展学生的体育素养,锻炼学生意志品质,培养学生健康的生活习惯和良好的生活态度。

明德课程。通过道德与法治、行为与礼仪、社会实践课、队会课、校本"习德养成"课程等,小学生在日常的学习和生活中养成一系列做人、做事和学习方面的良好行为习惯,为其健康人格的培育奠定基础。

三、学校课程设置

结合学校课程资源情况,除基础课程外,我校拓展课程设置如下:(见表5-2)

表5-2 课程设置表

		明德课程	明语课程	明思课程	明探课程	明艺课程	明健课程
一年级	上学期	行为与礼仪 入学课程 校本"习德养成"课程	绘本讲读 童声诵经典课程 话传统 五小朗读者 翰墨书香 拼音王国历险记 识字大比拼 国学经典—— 第二课堂	小小方位 描述家 积木中的 小奥秘 争做时间 小主人 火车开开 数字变变	有趣的五 官兄弟 小小动物园	数字魔法 彩泥铅笔 快乐童年 动物乐园	队列队形 短跑 我会辨方 向 有魔力的 磁铁

		明德课程	明语课程	明思课程	明探课程	明艺课程	明健课程
	下学期	行为与礼仪 入队仪式 校本"习德养成"课程	快乐读书吧 童声诵经典课程 神奇汉字 五小朗读者 我是小演员 对子世界真神奇 我分享，我快乐 国学经典—— 第二课堂	七巧板中的 花花世界 动手小达人 我是小小 售货员 大家来找茬	神奇的水 创意 植物角 神奇的 "三球" 奇妙的空气	层层叠叠 制作 大怪兽 快乐歌唱 友情	跳绳 各种方式的跳
二年级	上学期	校本"习德养成"课程 行为与礼仪 榜样课程 感恩课程	"乐"读童书课程 童声诵经典课程 传统课程 五小朗读者 翰墨书香 国学经典 ——第二课堂	小小魔术师 四个符号 知天下（一） 百变星君	神奇莫测 的天气 我的地盘 我做主 奇趣大自然	彩色森林 画自己 有礼貌 喜悦的歌	韵律操 开心跳绳
	下学期	校本"习德养成"课程 行为与礼仪 榜样课程 感恩课程	"乐"读童书课程 童声诵经典课程 传统节日知多少 五小朗读者 传统课程 翰墨书香 国学经典—— 第二课堂	会说话的数字 四个符号 知天下（二） 我会变 我是小侦探	我是创造 小达人 四季之旅 神奇的变化	纸偶信封 连环画 回忆的歌 畅游春天	技巧 小篮球 软式排球
三年级	上学期	校本"习德养成"课程 行为与礼仪	遨游童话世界 （读 讲 演） 童声诵经典课程	我是 "小管家" 小小设计师	我是"小小 气象员" 动物世界	动漫世界 捏泥巴 诵童真友谊	短跑 跳绳

	明德课程	明语课程	明思课程	明探课程	明艺课程	明健课程
	榜样课程 感恩课程	五小朗 读者课程 走进中国 上下五千年 "乐"读童书课程 汉字听写大赛 我爱记诗词 国学经典—— 第二课堂 YY学舌（上） 书写小标兵（1） 分级阅读 光影品鉴 迪士尼动画 欣赏系列一 趣配音（上）	我眼中的 数学（一）	奇妙的溶解 可爱又可 恨的风 美妙动听 的声音		
下学期	校本"习德 养成"课程 行为与礼仪 榜样课程 感恩课程	童声诵经典课程 五小朗 读者课程 走进中国 上下五千年 遨游寓言世界 （读、讲、演） "乐"读童书课程 汉字听写大赛 我爱记诗词 国学经典—— 第二课堂 YY学舌（下） 书写小标兵（2） 分级阅读 光影品鉴 迪士尼动画 欣赏系列二 趣配音（下）	我是统计员 我爱我校 我眼中的 数学（二）	我也能当 小建筑师 危险，不可 缺少的电 播下希望 的种子 泥土里的 秘密 神奇的物体	四季色彩 恐龙王国 爱祖国 美妙童音	跳跃 韵律操 仰卧起坐

		明德课程	明语课程	明思课程	明探课程	明艺课程	明健课程
四年级	上学期	校本"习德养成"课程 行为与礼仪 榜样课程 感恩课程	畅游神话 童声诵经典课程 我手写我心 品读小古文 翰墨书香 能说会道 我是小小观察员 国学经典—— 第二课堂 Word competition（上） 默写小能手（1） 分级阅读 环球影城 迪士尼电影欣赏一 Brave 剧场（上）	好看的衣服 郑州真美丽 愉快的一天	美食的旅行 铅笔芯的秘密 果胶粘灰尘	茂密的花 剪窗花 梦中之歌 赞美祖国	短跑 跳绳 田径
	下学期	校本"习德养成"课程 行为与礼仪 榜样课程 感恩课程	畅游科学世界 童声诵经典课程 我手写我心 品读小古文 我是小导游 能说会道 国学经典—— 第二课堂 Word competition（下） 默写小能手（2） 分级阅读 光影品鉴 迪士尼电影欣赏二 Brave 剧场（下）	会员卡 生活中的水 小小理货员	"生命"历险记 奇妙的影子 我是小小梦想家	过年啦 放风筝 英雄少年 童心童趣	技巧 小球类 篮球

		明德课程	明语课程	明思课程	明探课程	明艺课程	明健课程
五年级	上学期	校本"习德养成"课程 行为与礼仪 榜样课程 感恩课程	阅读中外寓言故事课程 童声诵经典课程 翰墨书香 创编课本剧 课本剧表演剧场 讲幽默笑话 国学经典—— 第二课堂 Brain storming（上） 我是小作家（1） 分级阅读 环球宝贝 英语角	畅游运算的海洋 未知世界我在哪？ 面积森林	我心目中的宇宙 钟摆的秘密 体积变化之谜 成长的痕迹 力的大搜索	布艺小制作 快乐陶艺 我爱我家 乡土情	短跑 跳绳 中长跑 传统体育
	下学期	校本"习德养成"课程 行为与礼仪 榜样课程 感恩课程	阅读中外民间故事课程 童声诵经典课程 翰墨书香 创编表演 课本剧剧场 名人传诵 国学经典 ——第二课堂 Brain storming（下） 我是小作家（2） 分级阅读 环球宝贝 英语角	天旋地转 包装里的学问 百变大咖秀 见微知著	探访春天 气象科普员 变废为宝 发面的学问	色彩变变变 百变服饰 国粹 走进春天	足球 实心球 篮球
六年级	上学期	校本"习德养成"课程 行为与礼仪 毕业课程	童声诵童书课程 经典古诗词课程 名著伴我行课程 传统文化多彩课程 走进鲁迅课程	"算"吧 生活中的数学 完美图形	生命之谜 自制乐器 嗨翻天 人类身体的价值	我是小导游 藤条编织 多彩民歌 玩转戏曲	短跑 跳绳 中长跑 实心球

		明德课程	明语课程	明思课程	明探课程	明艺课程	明健课程
			翰墨书香 国学经典—— 第二课堂 趣味词霸（上） 我是小作家（3） 分级阅读 环球宝贝 英语角				
下学期		校本"习德 养成"课程 行为与礼仪 毕业课程	童声诵童书课程 经典古诗词课程 品读经典文言 传统文化多彩课程 名著伴我行课程 翰墨书香 轻叩诗歌的大门 国学经典—— 第二课堂 趣味词霸（下） 我是小作家（4） 分级阅读 环球宝贝 英语角	小小设计师 立体图形 理财高手	永恒的追求 能源赞歌 创新改 变生活	流动的色彩 初见透视 古墨今香 感受童年	排球 节奏与 韵律 篮球 无数

综上所述，我们构建了丰富多彩的课程体系，不仅能让每个孩子在知识的海洋畅游，还让他们学有所长，快乐健康成长。

第四节　创设课程实施新样态

　　课程实施是将课程计划付诸实践的过程,是能否实现预期课程理想的关键因素,也是学生快乐成长的过程,教师享受教育幸福的历程,学校彰显育人特色的进程。管城区五里堡小学从"明亮课堂""明亮学科""明亮社团""明亮校园""明亮之旅""明亮节日""明亮空间""明亮家庭"八方面实施"心之灯课程",践行"明亮教育",实现课程内在的意义。

一、构建"明亮课堂",提升课程实施效益

　　"明亮课堂"是有效保障学校课程实施的主要途径,同时也是我们管城区五里堡小学实施"明亮教育"的最重要的途径。

　　什么样的课堂是"明亮课堂"? 我们认为,"明亮课堂"首先是高效的课堂。它要求学习目标准确,学习内容丰富,学习评价多元有效;"明亮课堂"是能够看得见学生的课堂,学生一定是课堂的主体,课堂是指向学生生命成长的课堂;"明亮课堂"还应该是和谐共鸣的课堂,学生学习的过程是立体互动的,课堂是生成灵动的,师生从课堂中都能得到愉悦、幸福和满足,得到自我的充分发展。

(一)"明亮课堂"的基本特质

　　"明亮课堂"具有以下基本特质:

　　教学目标:"明亮课堂"的目标是精准的、饱满的、多维的,指向提升学生核心素养发展的课堂。

　　教学内容:"明亮课堂"的教学内容是丰富的,课堂教学从学生已有知识和经验出发,确保科学性,具有系统性、现实性和趣味性。

　　教学过程:"明亮课堂"的学习过程是立体的、互动的课堂。教师要善于引导学生在课堂上建立一个学习的场所,通过各种互动让学习真正发生。

　　教学方法:"明亮课堂"的学习方法是灵动的、多样的。教师在教学中灵活选择不同的教学方式,帮助学生主动建构知识体系,恰当运用多种教学手段及信息

技术辅助教学。

教学评价："明亮课堂"的学习评价是多元的。评价活动和学习目标、学习过程是一致的，但是评价的主体、方式、方法却是多元的。

课堂文化："明亮课堂"是和谐的课堂、超越的课堂、生成的课堂。学生在和谐的课堂文化中实现从知识到智慧，从表象到想象的多重超越。

（二）"明亮课堂"的评价标准

依据"明亮课堂"内涵，结合课程标准，我们制定以下评价标准：（见表5-3）

表5-3 "明亮课堂"评价表

课题_____ 执教人_____ 时间_____

评价项目	评 分 标 准	分值	得分	评价要点
学习目标	1. 学习目标设计是否精准，是否有具体的课时目标。 2. 学习目标是否多维、饱满，指向人的核心素养发展。	20分		
课堂内容	1. 课堂内容是否丰富，选择是否得当。 2. 结构是否简约，是否围绕学习目标的落实而设计。	20分		
课堂过程	课堂过程是否立体互动，教师是否引导学生在课堂上建立一个学习的场所，通过各种互动让学习真正发生。	20分		
学习方法	教师是否引导学生在具体的情境中运用恰当的、灵动的学习方法进行学习。	10分		
学习评价	1. 评价是否及时、有效。能否根据评价结果以学定教、顺势而导。 2. 评价是否多元。	10分		
课堂文化	1. 课程文化是否和谐幸福。 2. 课堂是否是超越的课堂、生成的课堂。学生是否在和谐的课堂文化中实现从知识到智慧、从表象到想象的多重超越。	20分		
总分		100分		

二、建设"明亮学科"，丰富学科课程内涵

"明亮学科"是教师基于教材和课程标准，自主开发的基于儿童需求，指向学

科核心素养,突出学科特点的更加多彩、更加融合生活的学科课程群。学校以"明亮学科"来推进学科拓展课程的建设和实施。

（一）"明亮学科"的建设路径

打造"明亮学科",我校从两方面入手:一方面通过挖掘学科内部或学科之间的逻辑来构建专业的学科课程群;另一方面充分利用地域特色来渗透多门学科。各学科教师基于特色需求,根据对学科的独特理解、独特优势、独特资源,开发、打造拓展课程群。

1. "润心语文"课程群建设

依据国家有关方针政策,我校"润心语文"基础性课程以国家统编教材为载体,落实国家课程。拓展性课程以《义务教育语文课程标准(2022年版)》为依据,关注小学语文学科核心素养,结合小学生的发展特点以及我校学生的学生特质,从润心识写、润心品读、润心口语、润心习作、润心实践等维度,按年级分阶段设计课程,创造性地开展各类活动,增强学生在各种场合学语文、用语文的意识,多方面提高学生的语文素养,使之相互渗透、融为一体。

润心识写课程以识字方法、汉字的起源、翰墨书香、查字典等,旨在运用多种识字与写字教学方法,增加学习的趣味性;引导学生主动进行识字与写字,准确掌握一定数量的字,具有独立识字的能力;促进学生掌握基本的书写技能,检验学习成果,增强识字与写字学习的自信心;书写姿势正确,养成良好的书写习惯,不断提高书写质量。

润心品读课程以读绘本、品经典、阅名著等为主要内容,旨在让学生不出门便知天下事,让学生将从课内学到的知识,融汇到从课外书籍中所获取的知识中去,形成"立体"的、牢固的知识体系,直至形成良好的能力。只有博览群书才能博识,通过品读,增加学生对自然科学、社会科学以及世界各地的风土人情的认识和理解;增强学生语言表达能力;加强学生思维的广阔性、深刻性、逻辑性、灵活性。让学生多读书,读好书,在阅读中扩大学生的阅读面,开阔学生的视野,增强学生思维的敏捷性,丰富学生的知识储备,使学生从中汲取文中的精华,从而掌握更多的阅读方法和技巧。使学生明白事理,增强能力,让学生学会做人,学会做事。

润心口语课程的内容为说民俗、诵经典、讲故事、聊名人等,旨在通过在课内外创设多种多样的交际情境,让每个学生无拘无束地进行口语交际,从而学会聆听、表达、合作,提高收集信息、处理信息的能力。通过活动组织教学,鼓励学生学会交往、学会合作,既要学会清楚明白地表达自己的意思,也要学会倾听、补充和帮助,让融洽与合作的阳光普照每个学生的心灵。

润心习作课程的内容为看图写话、多彩绘本、趣编童话、创编诗歌、妙笔生花、多元习作等,旨在培养学生养成留心观察周围事物的习惯,有意识地丰富自己的见闻,珍视个人的独特感受,积累习作素材。内容为小学阶段的习作活动,习作活动应贴近学生实际,让学生易于动笔、乐于表达,引导学生关注现实、热爱生活、表达真情实感,由浅入深、循序渐进,让学生乐于写作,有效地提高学生的语文综合素养。

润心实践课程的内容为学以致用、用以促学、学用相长,旨在通过语文综合性实践活动,让学生乐于学语文,学好语文,提高语文实践能力,有效地提高学生的语文综合素养。同时培养学生对祖国语言文学的热爱之情,并能正确应用语言文字,在语文实践中理解语言内涵、培养语感、积累语言、拓展思维,以适应社会发展基本能力的要求。

2.“灵动数学”课程群建设

我校数学课程秉持“灵动数学”的学科理念,面向全体学生,适应学生个性发展的需要,在课程实施过程中,以趣促学、以玩促智、因材施教,帮助学生找到适合自己的学习方法,使得人人都能获得良好的数学教育,不同的人在数学上得到不同的发展。

灵动数学有趣味。《义务教育数学课程标准(2022年版)》指出:“教学活动应注重启发式,激发学生学习兴趣,引导学生积极思考,鼓励学生质疑问难,引导学生在真实情境中发现问题和提出问题,利用观察、猜测、实验、计算、推理、验证、数据分析、直观想象等方法分析问题和解决问题。”[①]灵动数学课程内容的安排反映社会的需要、数学的特点,不仅包括数学的成果,也包括数学结果的形成过程及其蕴涵的数学思想方法,并且注重课程内容呈现的层次性和多样性,激发学生兴趣,调动学生积极性。

灵动数学有方法。数学是一门逻辑性非常强且非常抽象的学科,数学学习是

---

① 中华人民共和国教育部. 义务教育数学课程标准(2022年版)[S]. 北京:北京师范大学出版社,2022:3.

一个生动、富有学科个性的过程。"灵动数学"注重运用信息技术在教学过程中创设有利于小学生体验与理解的情境,针对小学生的心理特点"对症下药"。比如引入学生喜欢的动画片、社会热点新闻、自然环境等。引导学生于日常生活之中发现数学知识,给学生足够的时间和空间经历观察、实验、猜测、计算、推理、验证等活动过程,充分激发学生的求知欲望,体会数学的灵动有趣。

灵动数学重启发。"道而弗牵,强而弗抑,开而弗达。"灵动数学以学生的认知发展水平和已有的经验为基础,面向全体学生,注重启发式教学和因材施教。引导学生学会独立思考、主动探究、合作交流,从而使学生理解并掌握基本的数学知识与技能,体会并运用数学思维与方法,获得基本的数学活动经验,并且争取使学生主动进入到深度学习的层次。

灵动数学重创造。创造力,是所有发明产生的前提。它可以使一个国家、一个民族保持永久的生命力。德国数学家菲利克斯·克莱因曾经说过:"数学是人类最高超的智力成就,也是人类心灵最独特的创作。"数学是一切科学的基础,正是数学给了人类真的智慧、美的智慧、创造探索自由的智慧。可以说人类的每一次重大进步都是数学在后面提供强有力的支撑。比如现在的信息化革命:如果没有数学,信息怎么可能如此快速地传递呢?

3. "Brave English"英语课程群建设

依据我校"Brave English"——让儿童在悦纳自我中勇敢绽放的课程理念,我校构建的"Brave English"课程包含"有氧 vocabulary""趣味 read & write""畅意 enjoy""动感 perform"四大系列拓展性课程,在不同的年级进行形式多样的内容扩充。在课程结构方面,以国家统编教材为基础性课程,拓展性课程则是在夯实国家课程的基础上进行拓展和延伸,满足学生个性化学习需求。

"有氧 vocabulary"课程包括拼读和词汇教学。词汇是语言的入门基础,是组成词语的基本单位。词汇在英语教学中发挥着不可替代的作用。自然拼读又称"phonics",它不仅是以英语为母语的孩子学习英语读音与拼字,增进阅读能力与理解能力的教学法,更是以英语为第二语言的英语初学者学习发音与拼读技巧的教学方法。是目前国际主流的英语教学法。这种教学法简单高效,符合孩子学习语言的规律。他们在玩中学习,在学习中玩,不仅改变了学习英语时的枯燥氛围,还大大提高了学习效率。总之是一种效果显著的英语教学法。

"趣味 read&write"课程主要是运用语言文字进行表达和交流。学生能在四线三格内正确书写字母、单词、句子乃至语篇;能用所学词汇、语法和句型简单造句、回答问题、看图写话,创编故事,培养学生良好的书写习惯;同时通过阅读绘本、朗读比赛等活动培养学生良好的阅读习惯。

　　"畅意 enjoy"课程主要是引领学生欣赏多元化英语资源,从中受到熏陶和感染。日常磨耳朵,把英语当做不可或缺的生活需求。视听英语的内容设置主要为听英文童谣、歌曲,看原版动画、原版电影。通过欣赏经典英文童谣、歌曲和当代流行的英文动画以及电影等,激发学生学习英语的兴趣和表演热情,帮助学生了解世界文化。

　　"动感 perform"课程以说和唱为基础,引导孩子会说会唱,能歌善舞。通过设置律动字母操、story time、英语绘本剧、我是演员等课程让学生动起来、活起来。通过跳动和表演的形式,进一步吸引学生,帮助学生树立自信心,培养学生的英语语感。通过趣味配音、声临其境、声入人心等多样化的课程形式,学生敢于展示风采,同伙伴一起分享学习英语的乐趣,树立英语口语交流的习惯和意识,逐步提高英语综合表达的能力。以上系列课程基于学生的五大语言技能(听、说、读、写综合运用)进行了总体规划,对国家基础课程进行了补充和拓展。

　　4."慧玩童年,美致人生"美术课程群建设

　　《义务教育艺术课程标准(2022 年版)》将美术学科课程分为"欣赏·评述""造型·表现""设计·应用"和"综合·探索"四大学习领域。基于此,"慧玩童年,美致人生"课程以教育部义务教育教科书《美术》(2013 年版,湖南美术出版社)教材为基础,将我校"慧玩童年,美致人生"课程划分为"慧·造型""灵·设计""美·欣赏""致·探索"四大类。

　　"慧·造型"课程不以单纯的知识、技能传授为主要目的,而是要贴近学生不同年龄阶段身心发展特征与美术学习的实际水平,鼓励学生积极参与造型表现活动。引导学生主动寻找与尝试不同的材料,学会观察、认识与理解线条、形状、色彩、空间等基本造型元素。运用对称、对比、重复、变化等形式进行造型活动,增进想象力和创新意识。体验造型活动的乐趣并敢于创新与表现,产生对美术学习的持久兴趣。不仅关注学生美术学习的结果,还要重视学生在活动中参与和探究的过程。

"灵·设计"课程是让学生有目的地进行设计与制作,做到美化环境与生活。让学生逐步形成设计意识,培养他们的实践能力,将学科知识融入生动的课程内容中,让学生密切联系社会生活,关注环境和生态。突出应用性、审美性和趣味性,使学生始终保持浓厚的学习兴趣和创造欲望。

"美·赏析"课程使学生学会从多角度欣赏与认识美术作品,逐步提高视觉感受、理解与评述能力。让学生初步掌握美术欣赏的基本方法,让学生知道作品的思想内涵、形式与风格特征、相关的历史与社会背景,以及作者的思想、情感和创造性的劳动,并用语言、文字、动作等多种方式表达自己的感受与认识。

"致·探索"课程是引导学生致力于探索、研究、创造以及综合解决问题的美术学习,多层次多角度地发掘美术之美。让学生用心感悟与探索美术与其他学科、美术与社会生活相结合的方法,开展跨学科学习活动。

5."曼妙乐音"课程群建设

根据《义务教育艺术课程标准(2022年版)》,结合学校实际情况,确定我校音乐课程理念为"曼妙乐音,陶冶人生"。"曼妙乐音"课程,既激发学生对音乐的兴趣,又能使学生在学习中感受到无限的乐趣,能够用不同的艺术表现形式展示音乐为童年生活带来的影响。依照音乐学科"体验""模仿""探究与合作"和"综合"四大学习领域,我校"曼妙乐音"课程划分为"曼传统""妙心灵""乐情感""音童年"四大类。

"曼传统"课程要求在小学音乐课堂教学中,教师要有意识地传播传统音乐文化,将传统音乐与音乐教学内容有机融合,拓展学生的知识面,尽最大的努力使学生了解并欣赏我国传统音乐文化,从而使我国优秀传统文化、非物质遗产得以传承和发扬。

"妙心灵"课程从音乐对学生心灵的影响角度出发,音乐能够净化人的心灵,给人以美的享受。对学生进行音乐教育可以有效地提升学生的综合素质。因此,音乐是素质教育不可缺少的重要元素。"妙心灵"课程作为学校美育教育的重要内容,音乐教育可以提升学生的思想道德修养,提升情趣。对于学生综合素质的提高起着重要的作用。"妙心灵"以其特有的教化作用影响学生心灵的成长。

"乐情感"课程从音乐对学生情感的影响角度出发,影响学生情绪情感的发展。通过欣赏各种情绪情感变化的音乐,带动学生情绪,丰富学生情感,使学生身心健康得到发展。

"音童年"课程以童年趣事、民谣为依托,使学生更好地感受童年时光的美好,身心得以健康地成长。

6. "乐活体育"课程群建设

依据《义务教育体育与健康课程标准(2022年版)》及"乐活体育"课程理念与学科目标,结合学校体育特色项目,学校从"乐心志""乐锻炼""乐探索""乐学习"四大方面构建"乐活体育"课程群。

"乐心志"课程是通过体育活动,力求使学生在学习中产生乐趣。增强学生积极参加体育游戏活动和各类比赛的信心和热情。通过趣味游戏来提高学生的学习积极性。在游戏中发展其身体基本的活动能力。培养学生奋勇争先、团结协作的体育精神。

"乐锻炼"课程主要是根据小学生身心发展的特点。有针对性地学习体育与健康知识。使学生掌握基本的保健知识和方法。提高安全意识,培养其健康生活的习惯。

"乐探索"课程使学生在活动中发现体育的奥秘与魅力,探索体育活动与身体的关系。从而在活动中认识自己的身体,掌握身体运动时的基本规律,为运动兴趣的培养打下良好的基础。

"乐学习"课程主要是从快乐篮球、花样跳绳、小篮球、小足球中有针对性地选择教学内容,通过学习和比赛来增强学生的体育技能,并使学生学会自我调控情绪,形成合作意识与能力,培养坚强的意志品质。

7. "妙趣科学"课程群建设

《义务教育科学课程标准(2022年版)》指出:"科学课程设置13个学科核心概念,是所有学生在义务教育阶段应该掌握的科学课程的核心内容。通过对学科核心概念的学习,理解物质与能量、结构与功能、系统与模型、稳定与变化4个跨学科概念。"①其中小学科学课程就是从这四个领域中选择适合小学生学习的概念来学习。因此,我们依据《义务教育小学科学课程标准(2022年版)》相关要求,结合

---

① 中华人民共和国教育部. 义务教育科学课程标准(2022年版)[S].北京:北京师范大学出版社,2022:16.

科学学科核心素养及本校学生的特点,以科学课程为基础,通过调查学生感兴趣的领域,建设了"妙趣科学"课程群,设置了"多彩物质""生机勃勃""探秘宇宙""技高一筹"四类课程,为学生科学素养的提升提供全面、丰富的课程资源。

"多彩物质"课程主要内容为物质科学领域,以实验探究为学习方式,引领学生通过探究性活动感受丰富多彩的物质及其变化,知道不同能量之间的转换,认识到世界是由多彩的物质组成的。同时,让学生感知到一些直观的、有趣的、丰富的内容,增强学生探究物质世界的好奇心,使学生感受到物质科学对促进社会进步、提高生活质量有重要意义,帮助学生养成乐于观察、注重事实、勇于探索的科学品质。

"生机勃勃"课程主要内容为生命科学领域,是研究生物的生存和发展规律以及生物与自然环境的关系的科学。通过对动物、植物、微生物的观察,以及种植、养殖活动,学生了解我国特有的动植物资源,掌握基础的观察、比较、记录的方法,激发学生认识自然、了解自然的兴趣,使学生通过对动植物的观察研究,体悟生命的伟大与丰富,丰厚学生热爱大自然的情感,明白人与自然应和谐相处,培养学生保护自然、热爱生命的情感,增强学生爱护环境的意识,这对于培养学生的科学素养具有重要的意义。

"探秘宇宙"课程主要内容为地球宇宙科学领域。本课程内容侧重于与日常生活相关的天气变化、潮汐变化等现象,主要采用讲解与实践活动相结合的方式。针对学生现有的天文知识水平,进行基础内容的讲解;通过对月相、影子、星空、气象、土壤、岩石等现象或物体的长期观察及模拟实验,增加学生对于地球家园的认识,激发学生对地球和宇宙的探究热情,发展空间想象能力,初步建立科学的宇宙观和自然观。

"技高一筹"课程主要内容为技术与工程科学领域。通过对身边工具、物品的观察与比较,引导学生综合运用所学知识进行产品设计、制造和改进,提高学生解决实际问题的能力,增强学生的空间想象力,促进学生的个性发展,培养学生的创新精神和实践能力。同时,使学生认识到科技与人类社会发展的必然联系。

（二）"明亮学科"的评价要求

我们根据"明亮学科"的内涵,从以下几个维度来对学科拓展课程群进行评价。（见表5-4）

表5-4 "明亮学科"评价细目表

评价项目	评 价 标 准	权重分	得分
学科理念	基于儿童需求,指向学科核心素养,突出学科特点,更加多彩,更加融合生活。	15分	
学科建设方案	基于学科特色;具有时代性、科学性、针对性;撰写方案有自己的学科哲学,逻辑性强,详实,可操作性强。	20分	
学科课程内容	围绕学科核心素养进行准确定位,突出重点,内容丰富。能满足学生多元发展需求,充实学生的学习生活,丰富学生的学习体验,实现"让每一个孩子与世界明亮相遇"的可能性。	20分	
学科课堂教学	正确的教学目标;丰富的课堂教学活动;提高学生的综合能力。有意识地进行学科学习及学法指导。重点放在学生良好的学习习惯上。注意课内课外结合。	20分	
学科教研	建立有一个团结务实的学科团队,建立常态有效的教学研究制度,进行深度的课后反思与学科课程开发实施评价。	25分	
合计得分		100分	

三、丰富"明亮社团",优化兴趣特长课程

"明亮社团"是保护孩子天性、助力孩子个性化成长的社团,是我校"心之灯课程"的重要组成部分。它是实现"让每一个孩子与世界明亮相遇"的重要载体。"明亮社团"课程的开设对于保护孩子的天性,珍视每个学生的梦想,尊重、理解、悦纳学生,并努力为每个学生提供最适合的梦想教育具有重要的意义。

(一)"明亮社团"的课程实施

学校围绕"明语""明探""明思""明艺""明健""明德"六大类课程,开设语言类、思维类、科技类、艺术类、健康类社团。这些社团每周有固定的活动时间,以学期为单位制定科学合理的活动计划,设置形式多样的活动内容。学生可根据自己的兴趣特长,参加相应的社团活动。通过社团活动的开展,助推学生综合素养的提升,丰富课程内涵。

语言类社团:我们拟开设朗诵社、习作社、小记者站、英语口语秀社团等。

思维类社团:我们拟开设数学游戏、魔方、多米诺骨牌、棋类社团等。

科技类社团:我们拟开设机器人、科学实验、魔术、绿色能源电动车社团等。

艺术类社团:我们拟开设合唱、扬琴、舞蹈、剪纸、儿童画、陶艺、国画、瓷板画、书法社团等。

健康类社团:我们拟开设武术、篮球、排球、花样跳绳、田径、心理绘画、心理沙盘、心理剧表演社团等。

(二)"明亮社团"的评价要求

我校将从社团机构与管理、活动组织与开展、成果汇报这三个方面对"明亮社团"进行评价,采用每周的活动开展情况评价与学期末的综合评价相结合的方式,具体评价标准如下:(见表5-5)

表5-5 "明亮社团"评价细目表

项目	评 价 标 准	得分	评估方法
社团机构与管理	1. 社团管理体制完善,机构设置合理,制定符合学生实际的社团建设实施方案、课程纲要、课时教案。(10分)		
	2. 建立、健全并严格执行社团各项规章制度。(5分)		
	3. 社团会员人数适合,规模适度,成员资料档案齐全。(5分)		
	4. 指导教师认真负责。(10分)		1. 实地查看 2. 材料核实 3. 师生座谈 4. 成果展示 5. 活动巡查
	5. 学生社团要突出学生的主体性和创造性,使学生在社团活动中自治自理、健康发展。(5分)		
	6. 社团活动空间固定,环境良好有相应的文化建设。(5分)		
活动组织和开展	7. 经常和定期开展社团活动,组织有序、记录完善。(20分)		
	8. 社团活动内容丰富,形式多样,体现实践性和综合性,有利于培养和锻炼学生多方面的素质,再现和表现校园文化精神。(10分)		
成果汇报	9. 社团成员或集体活动成果显著。(20分)		
	10. 在梦想嘉年华展出活动中表现突出,对学生有一定的吸引力。(5分)		
	11. 每个学期至少在公众号或美篇上发布信息报道5篇。(5分)		
合计得分			

四、创设"明亮节日",浓郁学校课程氛围

"明亮节日"旨在通过节日课程的设计,让学生感受节日的浓郁氛围,受到节日的熏陶和浸润,形成学校的节日文化。我们努力开设更多适合学生个性发展的节日主题活动课程,激发学生主动参与的兴趣,丰富学生的经历和情感。

(一)"明亮节日"的课程设计

为丰富校园文化,我校以"传统节日课程""现代节日课程""校园节日课程"为互动主题,努力营建校园文化课程。

传统节日课程。传统节日具有丰富的文化内涵,民族文化精神通过课程系统的传递,变得可感可触,生动形象。我们以节日课程为依托,通过体验节日文化习俗,开展"精神寻根"。(见表5-6)

表5-6 传统节日课程实施内容

月份	节日	主题	活　动
一月	春节	浓浓的亲情	剪窗花、写对联、拜年话
一月	元宵节	烈烈的思乡情	赏花灯、猜灯谜、吃元宵
三月	清明节	深深的思念情	忆先烈故事、制作思念花、扫墓
五月	端午节	强烈的爱国情	包粽子、念屈原
八月	中秋节	醇厚的民族情	做月饼、绘月亮、讲故事
九月	重阳节	真真的敬老情	敬老人、献孝心

利用班队会活动课及各学科拓展课程,深化传统节日课程主题活动,将传统节日课程做活,做系统,做扎实。

现代节日课程。现代节日包含着人们对美好生活的寄托和向往,我们开展"现代节日课程"是为了引导学生关注生活,增强生活仪式感。(见表5-7)

表5-7 现代节日课程实施内容

时间	节日	主题	活　动
一月	元旦	新年新气象	1. 制作一份新年规划 2. 定下一个小小目标

时间	节日	主题	活　　动
三月	妇女节	我爱妈妈	1. 亲手给妈妈制作一张贺卡 2. 给妈妈唱一支歌 3. 给妈妈说一句暖心的话 4. 为妈妈做一件力所能及的事
五月	劳动节	劳动最光荣	1. 我是社区服务小能手 2. 我身边的劳动模范 3. 评选班级劳动小模范
六月	儿童节	少年强则国强	1. 亮亮我的成绩单 2. 才艺展示
七月	建党节	我是优秀少先队员	1. 学习党的历史 2. 学画党旗、党徽 3. 我身边的党员
八月	建军节	拥军爱军	1. 走进军队 2. 革命故事比赛 3. 赠送拥军大红花
九月	教师节	老师，您辛苦了！	1. 出一版敬师黑板报 2. 我给老师敬杯茶 3. 说一句感谢老师的话
十月	国庆节	祖国妈妈，我爱你！	1. 学唱国歌 2. 国旗国旗我爱你 3. 爱国歌曲合唱比赛 4. 我做升旗手

利用班队会活动课、国旗下演讲、各学科拓展课程，深化现代节日课程主题活动，将现代节日课程做好，做出新意，做得深入人心。

校园节日课程。校园节日是以学生丰富多彩的校园生活为依托，由学生自主设计的校园文化课程。它充满了仪式感，增强了学生的责任心和参与度。（见表5－8）

表5-8 "校园节日"课程设置表

时间	节日	主题活动
九月	习惯养成日	利用学校习得养成教育,对中高年级习惯养成教育专题,同时对一年级新生进行入学篇系统的入学课程,让新入学的学生了解学校,了解老师,热爱学校,热爱上学。
十一月	游戏节	师生分年级开展"小创意、大智慧"的实践活动。
十二月	读书节	动态展示:经典诵读、知识竞赛国学剧表演等;读书成果静态展示:手抄报、读书心得。
三月	体育节	运动会、大课间展示活动、阳光韵律比赛。
四月	游学日	走出校园、体验大自然,了解家乡,红色教育等。
五月	科技节	体验科技魅力、展示学习成果。
六月	毕业季	设计实施系列毕业课程,对母校多一点留念,多一些感恩;对初中生活多一些了解,多一些准备。

(二)"明亮节日"的评价标准

根据"明亮节日"课程内涵,我们对"传统节日课程""现代节日课程""校园节日课程"活动前的方案设计、活动时的课程实施、活动后的活动效果等情况进行评价。(见表5-9)

表5-9 "明亮节日"评价细目表

评价内容	评价标准	权重分	得分
方案	1. 主题鲜明、立意新颖、寓意深刻,具有时代性、科学性、针对性、实效性、教育性 2. 内容贴近社会现实、贴近学生实际生活、贴近学生身心发展规律,紧扣主题,突出重点。 3. 活动设计有特色有创意,体现课程的实践性、自主性、综合性、创造性和趣味性。	30	

评价内容	评价标准	权重分	得分
实施	1. 情景设计合理,操作性强,能体现综合运用知识的能力。 2. 依据所确定、分解、细化的具体内容选择活动。 3. 按照"近、亲、实"的原则选择活动。 4. 采取多种形式呈现。 5. 设置拓展性、开放性的,能给予学生思考空间的问题,引导学生体验和感悟。 6. 面向全体学生,关注学生的个性和差异,注重培养学生的实践能力,教育作用明显。 7. 师生互动,学生参与面广,能充分体现主体、教师主导的课程理念。	40	
效果	1. 活动目标明确,有明确的导向和时代性。 2. 活动形式新颖、独特、多样,让学生充分展示自我。 3. 促进学生身心健康发展,学生情感态度价值观得到转变。 4. 学生有认识,有感悟,自我教育能力得到增强。	30	
合计得分		100 分	

五、"明亮校园",创设校园环境课程

"明亮校园"即校园的一草一木、角角落落都充斥着"明亮元素",给人一种心灵上的洁净和舒适感。明亮的校园环境是无形的教育、无字的教科书,是校园内看得见的文化形态,对校园内的每一个成员都起着潜移默化的熏陶和启迪作用。我们根据"向着明亮的远方"的办学理念,充分挖掘校园环境中的"明亮元素",开发落实校园环境课程。

（一）"明亮校园"的课程设计

我们从提升学生的心灵品质出发,挖掘校园围墙、操场、廊道、楼梯间、班级等处的资源,开发建设"明亮校园"课程,让明亮元素融入校园各个角落,让每一寸空间都发挥它的教育价值。同时,用活课程资源,开展丰富多彩的活动。（见表5-10）

表 5-10 "明亮校园"课程设计表

地点	课程目标	课程资源	活动设计
明亮校园主题墙	利用报告厅西侧墙体展示明亮校园主题文化,结合活动开展,让孩子们感受明亮文化的魅力,增强文化自信心。	1. 明亮校园的内涵设计 2. 心之灯课程理念内涵	通过主题文化墙的展示,体现"让每一个孩子与明亮的世界相遇"的理念。
明亮舞台	利用"明亮舞台",为学生创设一个表达自己梦想,展示自己梦想的平台,不断增强学生为梦想而不懈努力的意志。	"明亮舞台"	利用周五下午午读时间,分年级分班级鼓励学生登上明亮舞台,可以演说,可以才艺,可以个人,可以团体。
明亮文化廊道	将主题与学生作品结合布置廊道,结合开展相应的活动,让学生把明亮文化种植心间。	每一层廊道上结合楼层年级分别从"明亮课堂""明亮学科""明亮社团""明亮校园""明亮之旅""明亮节日""明亮探究"等方面展示学生学习成果。	1. 经典诵读会 2. 读书分享会 3. 各种社团展示
明亮文化楼梯	用创客作品点燃学生梦想。	学生创客作品成果	学生创客作品展示
明亮班级	以明亮文化创设各具特色的班级氛围,开展合适的班级活动,陶冶学生情操,增强班级凝聚力。	1. 特色班牌 2. 学生各类作品秀 3. 黑板报 4. 好人榜 5. 活动角	1. 教室环境布置 2. 设计班级口号 3. 好人故事会 4. 评选展示学生各类作品

在课时安排方面,以上课程每月至少一次,主题墙文化与廊道文化的课程整合到社团活动或学科拓展课程群教学活动中去,班级文化课程整合到班队会课程中去。

（二）"明亮校园"的课程评价

我们根据"明亮文化"校园环境课程的涵义,结合"最美廊道"和"最美班级"的评比活动,设计以下课程评价表。（见表 5-11）

表 5-11 "明亮校园"课程评价量表

评价内容	评价标准	权重分	得分
环境布置	1. 主题鲜明,突出学校明亮文化内涵,陶冶师生情操。	15	
	2. 各栏目(版块)内容更新及时,内容丰富,有时代感。	15	
	3. 墙面(地面)干净整洁,无卫生死角。	10	
	4. 文字内容无错别字。	10	
活动开展	1. 活动主题突出,活动形式新颖,活动效果好。	15	
	2. 教师组织有序,学生积极性高。	15	
	3. 与学科教学、班队会活动有机整合,每月至少开展一次主题活动。	10	
	4. 每学期的活动展示时,学生解说流利,体现廊道(围墙、班级)特色。	10	
合计得分		100	

六、推行"明亮之旅",开发研学旅行课程

"明亮之旅"是有方向、有目的、有内涵的寻访之旅。《中小学综合实践活动课程指导纲要》中明确指出"研学旅行课程"是基础教育课程体系的重要组成部分。小学阶段要通过亲历、参与少先队活动、场馆活动和主题教育活动,参观爱国主义教育基地等,获得有积极意义的价值体验。

(一)"明亮之旅"的课程设计

为全面实施素质教育,深化基础教育课程改革,整合各科课程资源,结合我校实际与不同学段学生的年龄特点以及各学科教学内容的需要,我校一到六年级开展了"寻访生态公园""我爱家乡""探寻科技奥秘""了解商都历史""走进河南粮仓""了解红色故土"等不同主题的旅行研学课程。我校"梦想之旅"课程设置具体如下:(见表5-12)

表 5-12 "明亮之旅"课程设置及活动实施表

年级	主题	地点	活动板块设计
一	寻访生态公园	航海广场——逸心公园——偶遇航东——果树研究所——西吴河公园——滨河公园	预学： 1. 了解常见家乡的变化,从学校周边的公园走起。 2. 认识花草树木,学习保护生态。 共学： 你看到了有哪些公园? 它们有什么特点? 有哪些是新建的? 延学： 1. 哪些公园比较舒服,你比较喜欢? 2. 把自己喜欢的公园画下来。
二	我爱家乡	中原福塔、会展中心、奥体中心——地铁体验	预学： 号召学生乘坐地铁游郑州,了解家乡的发展。 共学： 你都乘坐了哪些地铁? 顺着1、2、5号线感受郑州的发展。请用画笔记录下自己的足迹。 研学： 1. 用画笔感受家乡的进步和发展。 2. 利用数学日记,记录下自己乘坐了多少站地铁,走到了哪里。
三	探寻科技奥秘	郑州市科技馆	预学： 1. 了解郑州市科技馆的位置。 2. 找出合理的出行方式并做出预算。 共学： 1. 记录所参观的展厅,找到自己最喜欢的展厅,说出自己最喜欢它的理由。 2. 用学过的方位词绘制出从学校出发到郑州市科技馆的路线图。 3. 写出自己最感兴趣的科学现象,了解这种现象产生的原因。 4. 根据自己所在的位置,完成方位的填写。 延学： 1. 完成自己的体验日记。 2. 分享自己参观体验过程中的所思所感所想。

年级	主题	地点	活动板块设计
四	了解商都历史	商都遗址、博物馆	预学： 1. 了解商都文化的历史。 2. 在地图上找到商都遗址的位置，看看离自己家的距离。 共学： 1. 用方位知识绘制参观游览路线图。 2. 找出自己家到商都遗址乘坐的交通工具，计算自己出行的时间和需要的总钱数。 延学：写一篇了解厚重商都文化体会。
五	走进河南粮仓	中原粮食储备库	预学：你知道中国每年产多少粮食，浪费多少粮食吗？你了解的河南粮食储备有多少？ 共学： 1. 粮食储备需要什么条件？ 2. 在参观中最让你触动的是什么？ 延学：如何做一名节约粮食的小公民。
六	了解红色故土	二七纪念馆、圆方集团	预学： 1. 了解二七纪念馆的历史和圆方集团在疫情期间如何援鄂。 2. 找出参观的出行方式，计算不同的出行方式所需要的费用。 共学： 1. 最感动你的人物和事迹是什么？ 2. 按比例画出纪念馆的平面示意图。 延学：完成一份"英雄在我心中"的手抄报。

　　课程的设置尊重孩子的兴趣和需求，作业单的设计不仅关注学生游学过程中的体验，更注重研学前的预学和研学后的延学。具体操作步骤：1. 根据研学课程对学生进行相关知识、能力等方面的专业指导。2. 制定相应的研学活动要求及评价措施。3. 展示交流，对研学活动中学生的表现及作业进行星级评价。4. 研学课程结束后，对本次活动进行总结，提出修改意见和建议。

　　在课时安排方面，小学一至二年级每学期不少于1课时；小学三至六年级每学期不少于2课时。充分利用节假日和寒暑假,可以个人单独进行,也可以以小组合作方式开展。

研学课程不仅让学生走出校园去认知社会、认识自然,而且在旅行的过程中还要陶冶学生的情操、增长学生的见识。使学生在体验不同的自然和人文环境的同时,也能激发学生关爱自然、关心发展、进行科学探究的愿望,培养学生热爱家乡、热爱社会的思想情感,从而全面提升学生的综合素养。

(二)"明亮之旅"的评价要求

我校的"明亮之旅"课程要求做到"学"之扎实,"研"之尽兴,"旅"之有获,"行"之成长,具体评价标准如下:(见表5-13)

表5-13 "明亮之旅"课程评价项目表

评价项目	评 价 标 准	权重分	得分
课程设计	确定研学目标、研学内容、评价方式;体现实践性和创新性。	15分	
课程实施准备	准备充分;过程中关注学生良好习惯的培养与课程教师的专业成长。	15分	
课程实施安排	学生在最真实的场景下有独特、丰富的体验;安全保障、方案与应急预案制定合理;处理突发事件及时,师生安全有保障。	20分	
课程实施体验	学生在最真实的场景下有独特、丰富的体验。	20分	
安全保障	安全方案与应急预案制定合理;处理突发事件及时,师生安全有保障。	15分	
活动总结	通过公众号信息发布、书写感受、班会交流等形式对研学效果进行总结。	15分	
合计得分		100分	

七、创设"明亮空间",落实创客教育课程

"明亮空间"是思维启迪的立体、多维空间。我校"明亮空间"是基于学生兴趣,以项目学习的方式,使用数字化工具,倡导造物,鼓励分享,培养跨学科解决问题能力、团队协作能力和创新能力的一种创客教育课程。

（一）"明亮空间"课程设计

我校着力打造以现代科学技术为基础的创客空间,着力设计以 3D 打印、机器人、科学实验、绿色能源电动车为代表的创客精品课程,从而进一步加强对学生实践能力和创新精神的培养,为学生个人潜力和兴趣爱好提供了新的发展空间。（见表 5 - 14）

表 5 - 14 "明亮空间"课程设置表

课程名称	内　容	方式	时间
学科创客课程	利用各学科特点培养学生的创客精神。	各学科课堂	
3D 打印	了解 3D 打印、三维设计样品、三维打印和制作等。	社团	每周一次
机器人	拼装、编程	社团	每周一次
科学实验	小制作、小实验	科学课	每周两次
绿色能源电动车	组装、美工、操作训练	社团	每周两次

充分利用各学科的学科特点开展学科创客课程,培养学生创客精神;利用科学课、社团活动等开设航模、绿色能源电动车、3D 打印、机器人、科学实验等特色创客课程;同时利用学校的科技周,做好学生创客成果展示活动;此外,积极参加省市区组织的各项竞赛活动,开阔学生眼界,培养学生的创新思维,丰富学生的创新实践。

（二）"明亮空间"的课程评价

我们设计以下评价表来评价教师和学生,以了解课程实施效果。（表 5 - 15）

表 5 - 15 "明亮空间"课程评价项目表

评价对象	评价内容	评价分值	实际得分	总分
学习者	1. 项目学习中,创造协作能力、发散思维、解决实际问题的能力得到训练与提高。	20		
	2. 成果分享时,不仅会激情表达,还会向同伴传达重要知识;不仅会欣赏,还会创造性地激发对方。	15		
	3. 会反思自己发现了什么,提出新的理论,明确下一步的做法。	15		

评价对象	评价内容	评价分值	实际得分	总分
教育者	1. 在课程设计与组织教学时，有具体的课程目标，明确的项目要求。	15		
	2. 会使用多样化、实用性强的质性评价手段（档案评估法、观察法、表现性评价法），注重过程性评价，采用学分制的计分方式。	20		
	3. 鼓励学生大胆尝试冒险，激励学生不断创新。	15		
合计得分				

八、评选"明亮家庭"，拓展课程时空

"明亮家庭"是物质和精神双重文明的家庭，是具有良好家风的家庭。家庭是人生的第一所学校，家长是孩子的第一任老师，良好的家庭教育是人才培养的奠基工程。我们开展"明亮家庭"的评比，旨在学生家庭中培育和践行社会主义核心价值观，引导广大家庭崇尚文明新风、树立良好家风。

（一）"明亮家庭"课程设计

为帮助孩子提升自我管理能力，共同创造良好的教育氛围，让孩子在"明亮家庭"中健康成长，我校开设"明亮家庭"评比课程。通过"讲家庭故事、晒家庭幸福、展家庭文明、秀家庭梦想"四大板块的评比，创建"明亮家庭"，让每个学生都成为建设"明亮家庭"的主导者，让每个家庭成员都是"明亮家庭"的建设者。（见表5-16）

表5-16 "明亮家庭"课程设置表

时间	课程名称	课程目标	活动设计
九月	讲家庭故事	1. 增强家庭归属感，感受家庭和谐氛围。 2. 引导孩子积极向上，健康快乐成长。 3. 弘扬中华民族传统美德，建设美好家庭。 4. 培养学生做一个讲文明、懂礼貌、有爱心的人。	1. 召开"讲家庭故事"主题队会。 2. 开展家庭谈话会，分享家庭琐事中的温馨瞬间。 3. 绘出家庭有趣场景。 4. 讲述家庭有趣故事。

时间	课程名称	课程目标	活动设计
十一月	晒家庭幸福	1. 增强父母和孩子之间的亲子关系，展现家庭美好、和谐的关系。 2. 感受家庭生活的幸福美好。 3. 体会家的温馨，感受有家的快乐。 4. 培养学生对于家庭的认同感和感恩之情。	1. 视频展示自己家庭中的亲子活动。 2. 发现家庭平淡生活中的幸福，并将幸福的瞬间用照片、手抄报等形式记录下来进行分享。 3. 一起去拍全家福。
三月	展家庭文明	1. 学会健康的生活，远离不健康和不文明的生活习惯、生活方式。 2. 乐于养成文明、礼貌的行为习惯。 3. 具有自尊自爱的生活态度。 4. 培育良好家风，以家庭文明促进城市文明。	1. 利用文明家庭主题班会组织学生分享自己的家庭文明公约。 2. 以讲故事的形式展现自己在家的文明行为。 3. 评选出"最文明家庭"光荣称号。 4. 文明家庭征文活动
五月	秀家庭梦想	1. 促使家长了解孩子兴趣及特长并能帮助孩子树立梦想。 2. 培养学生做事有目标、有计划、有自信。 3. 倡导积极向上的生活观、和谐幸福的家庭观。 4. 养成积极的生活观、健康幸福的家庭观。	1. 我家的家庭梦想会议活动。 2. 家庭梦想主题绘画活动。 3. 亲子读书交流会。 4. 我为家庭发展写规划。

（二）"明亮家庭"的课程评价

我们依据"课程方案、课程实施以及实施效果"三方面设计以下评价表来评价教师、学生、家庭，以了解课程实施效果。（见表 5 - 17）

表5-17 "明亮家庭"评价项目表

评价内容	评价标准	权重分	得分
方案	1. 课程主题鲜明、立意新颖,具有科学性、针对性、实用性、教育性。 2. 内容丰富有趣,贴近社会现实、贴近学生实际生活、贴近学生身心发展规律,紧扣主题,突出重点。 3. 活动设计有特色、有创意,体现课程的实践性、自主性、综合性、创造性和趣味性。	30分	
实施	1. 课程目标和活动设计合理,操作性强,能体现综合运用知识的能力。 2. 按照"近、亲、实"的原则选择活动,从而感受到家庭的愉悦、幸福和满足。 3. 面向全体学生,关注学生的个性和差异,注重培养学生的实践能力,教育作用明显。 4. 学生参与面广,能充分体现学生主体、教师主导的课程理念。	30分	
效果	1. 目标明确,通过各种各样的活动形式,展现家庭中和谐的亲子关系,体会家庭的幸福生活。 2. 活动设计形式新颖、多样,充分让学生展示自我。 3. 促进学生身心健康发展,学生情感态度价值观得到转变。 4. 学生有认识、有感悟,自我教育能力得到增强。 5. 亲子沟通进一步加强,家庭和睦,尊老爱幼,父母子女关系和谐。 6. 重视过程,使学生的自我教育能力以及综合素质得到提升。	40分	
合计得分		100分	

综上所述,学校课程规划架起了课程理念与课程实施之间的桥梁,并在实践中使之落地生根、苗壮成长。在这个过程当中,我们发现了儿童的多种可能,充分挖掘了存在于他们自身的独特潜力,使儿童成长为眼中有光、心中有爱、身心健康、积极进取、知行合一,拥有"光亮"之人。我们坚信,在课程规划的指导下,在一个个辛勤教育者的努力下,一定会为儿童的成长谱写出最美的乐章!

（撰稿者:冯英 刘杰 杨雯 刘蕾 张力 韩雪）

第六章
多元创造：学校课程的无限可能

　　每个儿童都是独特的个性存在，儿童的天赋秉性、兴趣特长各不相同。即使是同一个儿童，在不同的发展阶段，其认知能力、兴趣需求也不完全一样，每一位儿童都是独特的自我。多元智力理论的提出，促使教育者最大程度地挖掘每一个儿童的创造力。学校通过丰富的课程架构培养儿童的创造性，点燃儿童智慧的火花，为儿童的不断创新提供动力和支持，从而让每一个儿童都体验到创新的激情，在创新中进步，在创新中成长。

智慧树课程：
让每一个孩子体验创新的激情

郑州市管城回族区创新街小学创建于 1928 年，是著名作家魏巍、奥运冠军董栋、央视节目主持人沙桐的母校。长期以来，学校砥砺前行、薪火相传，已经发展成为校园环境优美、文化底蕴深厚、教学设施先进、教育质量上乘、办学特色鲜明的特色学校。2018 年 7 月，创新街小学教育集团成立，同年 9 月，澜湾校区开始招生，2020 年团结路校区开始招生。目前，本部和分校共有 104 个教学班，在校儿童 5490 名，专任教师 288 名。其中河南省名师 3 人、学术技术带头人 1 人、骨干教师 11 人，郑州市专业技术拔尖人才 1 人、名师 3 人、学术技术带头人 2 人、骨干教师 15 人，管城回族区杰出教师 2 人、名教师 9 人、骨干教师 31 人、专业技术拔尖人才 4 人、首席学科青年教师 5 人，优秀的师资团队为提高教育质量奠定了良好的基础。多年来，学校以"创则兴，新则进"为办学理念，坚持"立精品意识、办规范学校、新教育理念、育创新人才"的发展思路，形成了"团结、勤奋、博学、创新"的校风。学校秉承"书香校园、优雅学子"的发展愿景，着力打造"优雅、智慧、阳光、灵动"的儿童形象，努力构建"愉悦创新、阳光校园"的育人体系。现依据《教育部关于深化课程改革，落实立德树人根本任务的意见》等文件精神，推进本校的课程规划，使课程落地生根。

第一节　激发儿童创新之趣

自建校以来,历代创新人牢记"创新"二字,在继承中创新,在创新中发展。

一、学校教育哲学

创新是一个民族进步的灵魂,是国家兴旺发达的不竭动力,也是中华民族最深沉的民族禀赋。激发儿童的创新意识,培养儿童的创新能力,塑造创新型人才,是新时代教育改革的必然要求,也是全民素质提升的重要手段。

创新是教师专业化发展的智慧源泉。有创新能力的教师,才能培养出有创新意识和能力的儿童。在课程实施中,教师在教学理念、教学方法、教学手段、教学内容等方面有见解、有创新,创新促进了教师专业化发展,创新成为了教师专业化发展的智慧源泉。

创新是点燃儿童智慧火花的助力器。苏霍姆林斯基认为:"人的心灵深处,都有一种根深蒂固的需要,就是感到自己是一个发现者、研究者、探索者。"学校通过丰富的课程构建,以培养儿童的创新意识和创新能力为目标,创设适合的情境,点燃儿童的智慧火花,激发创新意识,努力为儿童的终身发展奠定基础。

基于以上思考,我们将学校教育哲学凝练为"创新教育"。希望通过六年的小学生活,使儿童拥有一定的创新意识和创新能力。依据上述教育哲学,确立学校办学理念是:创则兴,新则进。

我们的教育信条是:

我们坚信,

每一个孩子都有巨大的创新潜能;

我们坚信,

呵护儿童的澄明之心是教师的价值所在;

我们坚信,

教育就是在儿童心灵深处感悟生命的神奇;

我们坚信，

让每一个孩子真正认识自己是教育最大的创新；

我们坚信，

教育的智慧就是让每一个孩子体验到创新的快乐；

我们坚信，

呵护和培育每一个孩子的创新意识是教育的神圣使命。

二、学校课程理念

每个孩子都有巨大的创新潜能，创新可以让孩子们的生活丰富多彩、充满希望。学校设置了适合孩子生长的课程，带领孩子畅游知识的海洋，感悟生命的神奇。我们认为，教育就是呵护每个孩子的创新意识，时刻都有创新的激情，让孩子乐享学习生活。因此，我们将学校的课程理念确定为"让每一个孩子体验创新的激情"。其具体内涵如下：

课程即潜能发现。每个孩子都有巨大的创新潜能，在课程中，教师引导孩子主动参与、乐于探究、合作交流，用独特的思维方式展示自我。孩子精彩的发现让课程存在无限的可能，让课程迸发灿烂的火花，燎原般点燃孩子的创新潜能。

课程即生命情愫。我们坚信，教育的智慧就是让儿童体验到成长的快乐。孩子在丰富的课程中尽情体验，心智在一次次体验中成长；孩子在多彩的课程中感悟神奇，素养在一次次心灵碰撞中提升。

课程即力量积蓄。优秀的课程会给孩子注入心灵的营养，让孩子积蓄成长的力量。学校开发了丰富的、适合孩子发展的课程，孩子通过一系列课程的学习，能够逐渐形成必备的品格和能力。

课程即智慧生成。开放的课程激发出孩子无穷的想象力和创造力，课程由此展现出了无穷的魅力，让智慧的火花在课程中点燃，智慧的果实在课程中呈现。

综上所述，学校将"创新教育"下的课程模式命名为"智慧树课程"，在一个个引人入胜的场景中，孩子们徜徉在五彩缤纷的世界里，学会了学习、探索和发现，激发了创新潜力，启迪了智慧，品尝到了学习带来的乐趣。

第二节　体验智慧成长之乐

　　课程是为育人服务的,因此要确定学校的课程目标,首先必须要明晰学校的育人目标。

一、育人目标

　　"优雅、智慧、阳光、灵动"是我校的育人目标。具体内涵如下:

　　——优雅:爱家国,守规则;

　　——智慧:爱学习,乐探究;

　　——阳光:爱生活,强体魄;

　　——灵动:爱实践,懂审美。

二、课程目标

　　为了实现育人目标,我们根据各年级儿童的年龄和身心特点,将育人目标进行细化,形成了一至六年级的分年级课程目标。(见表6-1)

表6-1　"智慧树课程"分年级课程目标表

	优雅 爱家国　守规则	智慧 爱学习　乐探究	阳光 爱生活　强体魄	灵动 爱实践　懂审美
一年级	初步具有爱祖国、爱父母、爱学校、爱老师、爱同学的意识;初步形成规则意识,遵守活动规则和学校纪律,积极参与集体活动。	掌握一年级文化课程标准规定的要求;认真学习,能提出自己感兴趣的问题,并与同学进行讨论,有探究的愿望,基本养成良好的学习习惯。	能够根据老师指令做出相应的动作,乐于参加各种体育类游戏活动,感受体育运动给自己生活带来的乐趣,会玩1—2种体育游戏;能与同学友好相处。	能够做一些整理书包、擦拭桌子,正确使用劳动工具等小事,知道自己的事情自己做,有初步的劳动意识;初步产生对艺术的兴趣,在活动中感受美。

	优雅 爱家国　守规则	智慧 爱学习　乐探究	阳光 爱生活　强体魄	灵动 爱实践　懂审美
二年级	热爱中国共产党、热爱祖国、热爱人民，爱亲敬长、爱集体、爱家乡；知道保护环境，爱惜资源的重要性，养成基本的文明行为习惯。	课堂上能够根据老师提出的问题主动思考、积极发言，不懂就问、认真倾听，并能与他人进行简单的交流、养成良好的学习习惯。	初步掌握简单的体育技术动作，学习正确的动作姿势；会玩1—2项体育类游戏活动，感受运动带来的乐趣。形成自信向上、诚实勇敢、有责任心等良好品质。	有参与班级管理和劳动的意识。在学习中感受美、欣赏美；能够积极参加学校、班级组织的各项艺术活动。
三年级	有主动了解和关心国家大事的意识，具有爱祖国、爱学校等情感；遵守学校、班级的规章制度；能汲取别人的优点和长处，养成友爱宽容、热爱集体的品质。	养成良好的课前预习习惯，在学习和生活中初步具有发现问题、提出问题、解决问题的意识；在过程中能够与同伴合作，互帮互助，一起享受探究学习带来的快乐。	能够掌握简单的体育技术动作，并乐意向他人展示，在学习中和运动中有安全意识，感受运动的快乐；形成不怕困难、积极向上、乐于助人的阳光心态。	养成自己的事情自己做，家里的事情帮着做，班级的事情主动做的良好习惯；能够认识美、感受美、欣赏美；积极参加各种艺术活动，在活动中陶冶审美情趣。
四年级	热爱中国共产党、热爱祖国、热爱人民；能够了解家乡的发展变化和国家大事；遵守学校、班级制定的各项纪律，能够用班规约束自己，为班级贡献自己的力量。	养成良好的学习习惯，能清楚地表达自己的观点和所见所闻；对课本、自然、生活中的问题有探究的兴趣，能独立完成学习任务，能够选用恰当的工具和方法分析。	会做简单的组合动作，乐意向他人展示；初步具有正确的运动姿势；有较好的平衡协调能力；坚持锻炼的习惯，形成健康的生活方式，养成乐观向上、友爱、团结的良好品质。	养成自己的事情自己做的习惯，可以动手做一些简单的食物，栽培植物，体验劳动的快乐；学习过程中能够动手操作；积极主动参加各种艺术活动，在活动中提升对美的认识。

	优雅 爱家国　守规则	智慧 爱学习　乐探究	阳光 爱生活　强体魄	灵动 爱实践　懂审美
五年级	热爱中国共产党、热爱祖国、热爱家乡；了解并遵守社会规则，懂得不同场合要遵守不同的礼仪；能换位思考，形成积极的人生观、责任感。	能应用文化课知识进行策划、制作、表演与展示；能从不同角度观察社会事物和现象，能够选用恰当的工具和方法分析、说明问题。	通过各项运动，形成团结协作及集体主义精神，具有坚韧的意志力；初步掌握运动基本技术和避险方法；初步了解青春期健康知识。	主动参与家庭、班级、学校的管理与劳动；有到社区进行服务性劳动的意识；主动参加艺术活动，发展个性特长，提高审美情趣。
六年级	主动了解中华优秀传统文化和党的光荣革命传统；理解日常生活的道德规范和文明礼貌，形成规则意识和法治观念，养成良好的生活和行为习惯；能够为保护生态环境贡献自己的力量。	掌握六年级文化课程标准规定的要求；有浓厚的学习兴趣，找到适合自己的学习方法并制定出相应的学习计划，能将所学知识运用于实践，能提出问题、解决问题。	积极参加特长项目的体育活动，加强身体锻炼，保持愉快的心情；能用正确的心态，了解青春期的卫生保健知识；形成诚实守信、友爱宽容、自尊自律、乐观向上等良好品质。	有到社区进行服务性劳动的意识和行动实施，养成爱实践的良好习惯；积极主动参加社区、学校、班级组织的各项活动，并敢于展示自我，发挥聪明才智，提升审美能力。

学校把德智体美劳有机地融入育人目标，希望从创新街小学走出的儿童举止是文明的、成长是向上的、身心是健康的、行为是灵动的。学校组织教师根据育人目标制定了课程目标，希望儿童能够在课程中健康快乐地成长，体验智慧成长的乐趣。

第三节　探寻创智课程之美

学校课程设计为孩子指引了明确的发展方向,体现了学校的实践历程。学校以"智慧树课程"为抓手,致力于实现培养"优雅、智慧、阳光、灵动"的创新学子,基于此,构建了学校课程体系。

一、课程逻辑

学校基于"创新教育"的教育哲学及学校课程目标,设置了"智慧树课程"体系,包括慧之源(语言类)、慧之思(逻辑类)、慧之妙(科学类)、慧之健(健康类)、慧之雅(艺术类)、慧之星(品德类)六大类课程。(见图6-1)

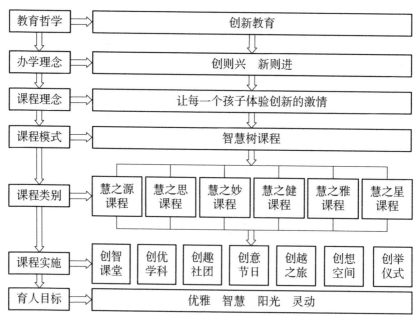

图6-1　"智慧树课程"逻辑图

二、课程结构

根据加德纳的多元智能理论,我们将课程设置为慧之源、慧之思、慧之妙、慧之健、慧之雅、慧之星等六大类课程,呈现出立体式、多维度、全方位的特色,将培养目标、课程设置、课程内容进行了有机结合,形成了目标清晰、上下关联的"智慧树课程"群落。以下是"智慧树课程"结构示意图。(见图6-2)

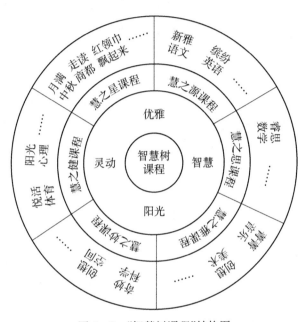

图6-2 "智慧树课程"结构图

上图中,各类课程内涵如下:

慧之源课程即语言类课程。语言是世界文明发展的源泉,为了让儿童用更宽广的视角去了解世界,用语言的魅力去积累精神财富,我们设置了"新雅语文""缤纷英语"等课程群。

慧之思课程即逻辑类课程。为了使儿童能够在解决问题时进行系统的思考和推论,有效提升思维模式而设置的课程,主要包括"睿思数学"等课程群。

慧之雅课程即艺术类课程。儿童的健康成长离不开高雅艺术的熏陶和艺术带来创造力,因此,我们设置了"创想美术""菁菁音乐"等课程群。

慧之妙课程即科学类课程。儿童对周围世界具有强烈的好奇心和求知欲,为推动儿童科学学习的内在动力,设置了"奇妙科学""创想空间"等课程群。

慧之健课程即健康类课程。该课程是为了增进儿童的身心健康,培养运动能力、健康行为和体育品格等而设置的,主要包括"悦活体育"和"阳光心理"等课程群。

慧之星课程即品德类课程。为充分发挥节日的教育功能,围绕传统节日和现代节日开展课程;实施多样化的仪式课程,提升育人水平;开发研学课程,让儿童在走读中了解家乡历史及变化,培养具有家国情怀的创新好少年。

三、课程设置

根据"智慧树课程"逻辑图,结合我校已有课程资源,对课程的内容体系进行系统构建。除国家课程之外,我校课程设置具体如下。(见表6-2)

表6-2 "智慧树课程"课程设置表

		慧之源课程	慧之思课程	慧之妙课程	慧之健课程	慧之雅课程	慧之星课程
一年级	上学期	汉字闯关绘本天地合作艺术图文并茂识字大王	数学小博士小小建筑师和时间赛跑寻宝大闯关	动手我最棒小小观察手认识小动物我在哪里磁铁魔法城堡	芭蕾舞接力走走跑钻爬真有趣身体姿态坐立行我最美	启智音乐明星小舞台小小作曲家童年合唱谁涂得好看花点心好伙伴泥巴真听话	我们一年级了喜迎中秋少先队知识我学习走读商城之走进商城遗址
	下学期	汉字闯关绘本天地合作艺术图文并茂识字大王	计算小达人玩转七巧板自己事情自己做超市历险记	我是小侦探水与溶解植物保育员太阳与月亮空气知多少	中华功夫我传承基本运动我最棒卫生知识我知道游戏规则我遵守	音乐大师课有趣的音符有趣的创编金色童年合唱身边的线条多彩拉花我喜欢的玩具巧用纸餐具	欢喜过大年活力体育节欢度六一走读商城之寻味美食

		慧之源 课程	慧之思 课程	慧之妙 课程	慧之健 课程	慧之雅 课程	慧之星 课程
二年级	上学期	词海世界 儿童趣事 心灵手巧 身边故事 动物百科	加减算式迷 火眼金睛 快乐的一天 漂亮的尺子	神奇动物 知多少 奇妙的自然 现象 小小设计师 磁铁魔法 城堡	小小解放军 跑跳小达人 健康饮食 益处多 花样接力	音乐知识 大闯关 演奏小能手 我们来表演 精灵舞蹈 纹样的变化 格子的魅力 听我说 纸盒的创造性	祖国，我为 您骄傲 队歌大比拼 走读商城 之走进老 胡同
二年级	下学期	词海世界 儿童趣事 心灵手巧 身边故事 动物百科	计算小达人 图形搬家 有趣的"正"字 小小设计师	小小设计师 人类与地球 我们的发现 常见的力	开火车 球类乐园 安全运动 促健康 双人夹球走	快乐猜猜猜 有趣的音符 小小作曲家 精灵舞蹈 跳动的点点 创意装饰相框 民间艺术玩具 会移动的房子	我给妈妈 唱支歌 我是劳动 小能手 走读商城 之走进老 街道
三年级	上学期	趣味汉语 故事大王 童眼看世界 探索发现 动手学科学 字母积木 英语 Do Re Mi "剧"精彩	我和妈妈 去购物 绘画园地 的秘密 有趣的维恩图 身份证奥秘	倒立的小丑 小小气象员 小小动物学家 溶解的秘密 探寻空气 的秘密 奇妙的声音	传递友情 梯子上的赛跑 运动前后的 饮食卫生 螃蟹赛跑	走进音乐家 明星小舞台 有趣的创编 鼓乐声声 创意刮画 手工彩泥 印象梵高 描绘四季	我给老师 送祝福 话重阳 少先队，我为 你自豪 品味国际 郑之走进 高铁站
三年级	下学期	趣味汉语 故事大王 童眼看世界 探索发现 动手学科学 打卡宝贝 Talkshow	水果店的问题 菜园的篱笆 我们的活动 活动日历	液体的轻重 小小建筑师 电与生活 植物的一生 生命的家园 不一样的物体	满满正能量 勇敢的士兵 心灵之窗的 秘密 夹包跳	音乐故事 小小演奏家 我们来表演 鼓乐声声 初学水墨 泥塑制作 经典动画人物	开展包粽子 比赛 六一联欢会 品味国际 郑之走进 共享单车 公司

		慧之源课程	慧之思课程	慧之妙课程	慧之健课程	慧之雅课程	慧之星课程
		美音英韵 环球宝贝				旧物改造	
四年级	上学期	汉字艺术 畅游历史 生活万花筒 奇思妙想 诗画之美 单词接龙 Face to face 阅读大本营 趣配音	计算冠军赛 四边形家族 直条排排站 1亿有多大	学做计划 食物的秘密 帮小鱼儿找家 我是赛车手 和动物做朋友 饮料瓶大危害 小小宇航员 神秘的极地	相信自己 冲过战壕 预防病毒 我能行 你追我赶	走进音乐家 明星小舞台 有趣的创编 丝竹弦音 我们的社区 石动物造型 生活中的花 现在和将来	十岁成人礼 争做新时代好队员 品味国际 郑之走进科技馆
	下学期	汉字艺术 畅游历史 生活万筒 奇思妙想 诗画之美 头脑风暴 最佳拍档 美式学舌 Party time	不可思议的简算 巧手拼拼拼 直条哥俩好 营养午餐 我会搭	自然界的申诉 呼吸的秘密 植物小专家 太阳知识 大力士选手 小小消防员 飞机模型 小达人 青蛙历险记	不惧挑战 足球少年 燃烧我的 卡路里 小小保龄球	音乐大师课 小小演奏家 创作展示 丝竹弦音 精彩的戏曲 吉祥图案 材质的美 偶戏	阅读文化节 安全月活动 品味国际 郑之走进编程
五年级	上学期	我爱汉字 走进名著 我说你听 佳片有约 行动之美 魔法盒子 群星我秀 美文之声 英文曲库	计算智多星 组合图形 变一变 请你猜一猜 掷骰子	时钟大揭秘 热能考察 光合作用 生命的奇迹 奇妙的宇宙 小小探险家 游乐场大闯关	齐头并进 绳舞飞扬 奥林匹克 万众齐心跳	启智音乐 明星小舞台 叮当打击乐 金色童 年合唱 临摹古建筑 认识塔 建结构 欣赏青花 设计飞 机模型	我眼中的中秋 管乐艺术节 童心向党 之走进烈士陵园

		慧之源课程	慧之思课程	慧之妙课程	慧之健课程	慧之雅课程	慧之星课程
	下学期	我爱汉字 走进名著 我说你听 佳片有约 行动之美 超级词霸 黄金搭档 书写达人 影海冲浪	奇妙的简算 立体图形 的外表 跳跃的折线 电话传声筒	电动玩具 总动员 不可思议的 微生物 相约多彩春天 小小气象员 小小发明 像不像的 秘密 成果展示	青蛙争先跳 技巧争霸 青春年华 谁的功力大	音乐大师课 节奏对对碰 创作展示 金色童年合唱 大师的画 设计服饰 莫高窟壁画 欣赏 制作团扇	粽情端午 跳蚤市场 童心向党 之走进二 七塔
六年级	上学期	汉字英雄 文采飞扬 唇枪舌剑 成长文集 艺术赏析 快闪宝贝 藏宝图 我爱读绘本 小小奥斯卡	计算我最棒 美丽的曲线 扇形兄弟 一家亲 确定起跑线	阳光的秘密 小小音乐家 探寻植物 生长之谜 健康的秘密 保护地球 科学探究 知多少	心心相印 一级方程式 巧辨危险源 篮球友谊赛	走进音乐家 明星小舞台 有趣的创编 蒲公英管乐 黑白世界 生命之源 重回大秦 自然魔术师	国际融合 教育节 科技知识 竞赛 童心向党 之走进圆 方集团
	下学期	汉字英雄 文采飞扬 唇枪舌战 成长文集 艺术赏析 Bingo 角色反转 我们毕业了 模拟联合国	简算我最行 图形大集合 统计大家庭 自行车里 的学问	材料知多少 小小考古家 养金鱼小能手 能源知多少 小小调查员 小小发明家	一代宗师 玩转篮球 处理损伤的 学问 足球小明星	音乐大师课 节奏对对碰 创作展示 蒲公英管乐 摄影中的 透视关系 会表达的书 米罗的雕塑 世界遇见 未来	我们毕业了 职业体验 童心向党 之走进党 史馆

六个年级的课程设置与儿童生活、学习兴趣、国家命运、社会发展紧密相连，在课程实施中，培养了孩子爱国主义情怀，厚植了文化素养，彰显了课程的育人价值。

第四节　开启多元创新之道

　　课程实施与评价体现了对课程理念的贯彻与执行，学校通过"创智课堂、创优学科、创趣社团、创意节日、创越之旅、创想空间、创举仪式"七大途径实施课程，并制定了相应的评价标准诊断课程实施效果、课程目标的达成度，从而进一步优化课程结构。

一、建构"创智课堂"，提升课程实施品质

　　"创智课堂"以《国家中长期教育改革和发展规划纲要》为指导，遵循"信息技术支持学习变革与创新"的理念，以课程建设为载体，以"智慧的教促进智慧的学"为"创智课堂"教学核心，通过"学习—实践—反思—交流—合作"的实践策略，提高教师驾驭课堂的能力。全体师生在"创智课堂"中掌握方法、获取知识、形成能力。

　　"创智课堂"即创生智慧的课堂，是以教师、儿童以及学习载体三者之间互动为主要方式，整合各种教育资源，创设富有智慧的教育条件，促进儿童全面发展的课堂。其三大核心要素是环境创新、学习创新、教学创新。

（一）"创智课堂"的实践操作

　　"创智课堂"的教学模式是基于"每个孩子都有巨大的创新潜能"这一理念提出来的。它在教学目标的预设上，体现"知识和技能、过程与方法、情感态度与价值观"的整体要求；在教学程序的设计和运行过程中，整合各种教育资源，促进儿童积极参与和主动探究；在学习环境管理上，努力实现师生平等交流，合理调控课堂学习情绪；在对儿童的评价上，促进全体儿童的个性张扬、智慧发展和健康成长。

　　"创智课堂"是智慧、创新的课堂。每个儿童都有创新的潜能，不同的儿童身上有不同的创新意识。"创智课堂"在于发现不同儿童的优势，拓展创新空间，激发创新潜能。

"创智课堂"是饱满、多维的课堂。它以儿童的全面发展为核心,聚焦儿童的成长与发展,不仅注重儿童知识的掌握程度,更加注重儿童的能力发展、生命体验,满足儿童创造的需要。课堂是让每一个孩子体验到创新的激情,从而达到优雅、智慧、阳光、灵动的育人目标。

"创智课堂"是丰富、多彩的课堂。它要求回归教育教学本真,感悟生命的神奇,着力培养思维品质,不断形成师生互动发展的智慧生态场。教学内容主要是将国家课程与校本课程整合为"慧之源""慧之思""慧之妙""慧之健""慧之雅""慧之星"六大类课程。"创智课堂"实施中体现了资源丰富化,设计深度化、学习智慧化。

"创智课堂"是开放、生成的课堂。促进多元的个性化的学习,能够达到互联互通的质量要求。儿童在"智慧导语—智慧导学—智慧助学—智慧分享—智慧共建—智慧融合—智慧生成—智慧创新—智慧反馈—智慧分析"过程中,经历探究学习、情感激励、智慧创新,达到结论在探究中得出,规律在探索中发现,方法在创新中优化,智力在深度学习中提升,智慧在体验中生成的良好效果。

"创智课堂"是灵动、多样的课堂。创智课堂在课前以备课和设置任务为主;课中以指导为主,根据儿童预习情况制定重难点,通过问题预设与讲授,小组合作探究疑难问题,通过评价进行巩固;课后以反思为主,通过反思对教学设计加以改进。

"创智课堂"是缤纷、多元的课堂。在教学中,采用教、学、评一致性方式;在教学后,采用指向课程能力的科学测评;在学期末,采用指向儿童综合素质的终结性评价。学校采用自评、互评、他评的方式,完善过程性评价、诊断性评价,通过评价改进课程管理,提高课堂效率和学习效率。

（二）"创智课堂"的评价标准

依据"创智课堂"内涵,制定了学校"创智课堂"教学评价标准。（见表6-3）

表6-3 "创智课堂"教学评价表

年级		科目		授课人		
课题				时间		
项目及分值	评价内容及标准				分值	得分
教学目标 饱满多维 （10分）	符合课标要求,体现知识与技能、过程与方法、情感态度与价值观等要求。				5	
	饱满、多维,具有操作性。				3	
	注重儿童能力,满足儿童创造的需要。				2	
教学内容 丰富多彩 （10分）	教材处理得当,教学重、难点突出,课时划分合理,课程容量适度。				4	
	能够结合实际和学科特点,渗透情感、态度、价值观教育。				3	
	资源丰富,学习体现智慧化,着力培养思维品质,实现深度学习。				3	
教学过程 开放生成 （40分）	能够依据课程特点,提出具体问题,激发儿童求知欲望,促使儿童主动探究。				5	
	能够创设师生平等交流、生生合作互动的学习氛围。				10	
	能够面向全体,关注个性差异,并注重优生培养和差生转化。				5	
	能够体现教师释疑过程,能突出重点、突破难点,并且有适当的拓宽和延伸。				10	
	根据学科特点和教学内容,灵活选用教学方法,科学有序地组织开展教学活动。				5	
	结论和规律在探究中得出,方法创新。				5	
教学方法 灵动多样 （20分）	教学方法具有启发性,充分发挥儿童的潜能。				5	
	灵活选择不同的教学方式,以利于儿童主动学习。				5	
	能体现出先学、后教、再学习的过程。				5	
	信息反馈及时,全面有效。				5	

项目及分值	评价内容及标准	分值	得分
教学评价 缤纷多元 （10分）	能体现出教学评的一致性。	5	
	能用多种评价方式，改进教师的教和儿童的学。	5	
教师表现 专业精心 （10分）	教学心理素质好，教态自然、亲切、大方、庄重，具有较强的亲和力。	2	
	语言标准规范、清晰准确、生动精炼；讲解示范符合科学性、逻辑性、形象性、情感性强的特点。	2	
	字迹工整美观，条理清楚，重点突出，布局合理。	2	
	能根据实际需要，恰当运用现代教育技术或其他教学手段辅助教学；能开发、利用教学资源提高教学效益。	2	
	灵活运用教材，现场驾驭能力强，能应变自如。	2	
教学特色 先进创新 （加分）	能够渗透先进的教育理念，能够贯穿先进的教育方法。	5	
	具有较为明显的教学风格，教学具有创造性。	5	
评价人		合计	
"创智课堂"的亮点：	我的感悟：		

二、建设"创优学科"，丰富学科课程体系

学校以国家课程为原点，根据学科特点、儿童需求，深入探索学科、拓展课程，通过"创优学科"来丰富学科课程体系，形成了"1＋X"的课程群，这里的"1"指一门国家课程，"X"指围绕该学科设计出的多门拓展课程。

（一）"创优学科"的实施路径

为了更好落实基础学科课程要求，学校在各个基础学科构建特色课程群。

1. 构建"新雅语文"特色课程群

"新雅语文"课程以"新锐雅正"为追求，锐意其新、茹含其雅、探索智慧、守正创新，力求培养具备"创新"品质、"文雅"气质、"儒雅"风范的优秀学子。该课程群基于发展儿童核心素养，结合语文国家课程资源，由晨诵、阅读、诗之画和语文课本中的影视作品赏析等课程组成，目的是通过课程实施，拓展儿童语文视野，积淀

儿童文化底蕴,丰富儿童情感体验,使儿童逐步形成良好的个性和健全的人格。

广闻雅听,丰富儿童视野。倾听是一种能力、一种素质、一种习惯,是儿童获取信息和提炼信息不可或缺的有效途径和必不可少的一种能力。"新雅语文"针对儿童年龄特点选取美文片段、新闻题材、经典作品等,创造训练契机、拓宽训练渠道、构建训练空间,有意识地锻炼儿童学会倾听的能力,培养谦虚、积极、有礼貌的态度,尊重他人的劳动成果,做到专心、耐心、细心、虚心和用心,提高"说""听""思"的学习能力。

察纳雅言,学会倾听表达。课程要向儿童生活的各个领域开拓、延展,与他们的学校生活、家庭生活和社会生活有机结合起来,培养儿童口语交际能力,提高儿童语言表达能力,促进儿童思维发展。"新雅语文"也注重儿童情感体验,在相互说、练、演的过程中,感受到来自他人的关爱,学会去关爱他人。通过积极发表个人见解,汲取交流对象的优点,儿童不仅收获了知识,提升了能力,更收获了良好的情感、健全了人格。

好书雅赏,感悟深厚底蕴。古今中外经典的文学作品,蕴藏着丰厚的传统文化和博大的人文精神。新雅语文通过引导儿童学习小学语文课本中的经典篇章,进一步提高运用汉语言的水平,并通过语言载体,潜移默化地提升自身文化素养,理解其中的文化意蕴,感悟人生和生命的价值取向,从而达到提高人文素质,培养审美能力,完善人格品质的教育目标。

善思雅书,沟通传承创新。"新雅语文"提倡让儿童观察大自然、接触社会,积累写作题材,把写作训练的触角伸向生活的每一个角落,让儿童在生活中增长知识、启迪智慧,用情感的波澜、生活的需要,激发创作的能动性。

2. 构建"睿思数学"特色课程群

"睿思数学"是思维深远的数学,根据儿童的学习现实、个性心理和数学知识特点,采取灵活多样的教学形式,让儿童在活动中体验、在体验中探究、在探究中发现,开阔数学视野,对数学知识进行拓展和延伸,进而提升儿童数学核心素养。

资源丰富,激发学习兴趣。数学课堂教学离不开丰富的教学资源,恰当的教学资源可以激发儿童学习的兴趣,提高课堂效率,促进儿童思维深层发展。学校以国家课程为中心点,深度挖掘课内资源,拓展课外资源,开展数学游戏课程、数学实践课程,充分利用各种教学方式和方法,营造丰富多彩的数学课堂。

聚焦素养,体现数学价值。数学素养作为核心素养在数学教学中的体现,要求教师不仅要传授给儿童知识,还要让儿童充分了解和掌握各种学习能力。在"睿思数学"课程中,重视口算、计算等双基教学,鼓励儿童通过观察、实验、猜测、计算、推理、验证等方法自主探索新知。在课堂上以创新为依托,指导儿童探索知识的方法与途径,达到提高儿童解决问题能力的目的,使数学课堂焕发出蓬勃的生命力。

联系生活,解决实际问题。"睿思数学"注重儿童在获得间接经验的同时能够有机会获得直接经验,即从儿童实际出发,联系生活,创设有助于儿童自主学习的问题情境,引导儿童通过实践、思考、探索、交流等手段获得数学的基础知识、基本技能、基本思想、基本活动经验,促使儿童主动地、富有个性地学习,不断提高发现问题、提出问题、分析问题和解决问题的能力,能用数学的眼光看待问题。

关注实践,架起沟通桥梁。"睿思数学"站在儿童发展的角度进行教学,通过问题驱动引导儿童自主学习,敢于思考,开展有深度的数学学习活动。学校拓展和延伸的课程为儿童提供了更多实践的机会,架起了沟通生活与数学的桥梁,使儿童有机会运用所学的数学知识去解决身边的实际问题,培养儿童的综合实践能力。

重视思维,提升创新能力。"睿思数学"以思维训练为核心,注重知识的"生长点"与"延伸点",把每堂课教学的知识置于整体知识体系中,注重知识结构和知识积累,正确处理局部与整体的关系。课堂是儿童思维训练的主阵地,思维训练贯穿于教学始终,以数学知识和解题方法为载体,重点培养儿童的思维能力、多角度思考问题的能力和创新能力。

重视整合,拓展儿童视野。整合课程资源是实现课程横向和纵向发展的重要途径。整合课程资源要以开放的眼光,巧妙地将儿童感兴趣的数学内容与教材连接起来,引导鼓励儿童敢想敢说、敢于标新立异、敢于挑战、敢于表现自我。课堂上,教师要多给儿童提供求异思维的机会,保护儿童的好奇心,积极拓展儿童的思维。

3. 构建"缤纷英语"特色课程群

"缤纷英语"课程是以活动为载体,为儿童提供更多学以致用的机会,让儿童在活动中体验语言的魅力。此外,儿童可以通过英语特色课程活动接触大量的词汇,帮助儿童在实践中提高使用语言的能力,并且能够保持学习英语的乐趣。

面向全体,注重素质教育。"缤纷英语"特别关注每个儿童的情感,激发儿童学习英语的兴趣,帮助儿童建立学习的成就感和自信心,发展其综合语言运用能力,提高人文素养,增强实践能力,培养创新精神。

整体设计,体现灵活开放。"缤纷英语"是以儿童语言技能、语言知识、情感态度、学习策略和文化意识的发展为基础,培养儿童英语综合语言运用能力。在活动设计时,注重整体的灵活开放,凸显教学情境,能够激发儿童的参与意识,活动过程能够让儿童体验到学习的快乐,结束后能够让儿童意犹未尽、回味无穷。

突出主体,尊重个体差异。儿童的发展是英语课程的出发点和归宿。同一个儿童,在不同的发展阶段,其认知能力、兴趣需求也不完全一样,每一位儿童都是独特的个体。英语课程在目标设定、教学过程、课程评价和教学资源的开发等方面突出以儿童为主体的思想,尊重儿童个体差异。

活动途径,倡导体验参与。"缤纷英语"倡导任务型的学习模式,在教师的指导下,通过感知、体验、实践、参与和合作等方式,实现任务目标,体验成功的快乐。通过让儿童制作关于本次电影的英文海报、选取一个片段进行英文原声配音、选取一个片段进行全英表演,用英语或中英结合的方式讲故事等,儿童体味到英语学习的乐趣。

注重评价,促进儿童发展。评价要有利于促进儿童综合语言运用能力和健康人格的发展,促进教师不断提高教育教学水平,促进英语课程的不断发展与完善。"缤纷英语"建立了能激励儿童学习兴趣和自主学习能力发展的评价体系。在英语学习过程中以形成性评价为主,注重培养和激发儿童学习的积极性和自信心。终结性评价着重检测儿童综合语言技能和语言应用能力。

开发资源,拓展学用渠道。教师给儿童提供贴近实际、贴近生活、贴近时代内容的健康且丰富的课程资源,利用音像、电视、书刊杂志、网络信息等丰富的教学资源,拓展学习和运用英语的渠道,积极鼓励和支持儿童主动参与课程资源的开发和利用。

4. 构建"奇妙科学"特色课程群

每个孩子都有一个科学家的梦,希望自己能够像真正的科学家那样,站在很多实验器材面前做实验,在实验过程中获得真知、体会乐趣并感受科学的奇妙。

"奇妙科学"特色课程群是在科学教材内容基础上开发的系列课程,包括动物和植物、水和空气、力与运动等内容。

面向儿童,共同发展。课程实施过程中,"奇妙科学"注重突出儿童的主体地位,基于儿童的认知水平,联系儿童已有的知识和经验,充分利用学校、家庭、社区等各种资源,创设良好的实践探究环境,引起儿童的认知冲突,主动探究,启发儿童积极思维,使儿童逐步学会调节自身的学习,能够独立进行实践探究,成为一个具有终身学习能力的学习者。

富有趣味,激发潜能。儿童对周围世界具有强烈的好奇心和求知欲,这种好奇心和求知欲是推动儿童科学学习的内在动力,对其终身发展具有重要的作用。学校科学课程以"实践探究"为理念,为儿童创设愉快的学习氛围,保护儿童的好奇心和求知欲,激发儿童学习科学知识的兴趣,主动探究的意识,生活经验的积累,挖掘儿童的潜能。

探究世界,提升素养。科学探究是人们探索和了解自然、获得科学知识的重要方法。通过加强科学实践,激发儿童的学习兴趣、培养其探究科学问题的能力,促使儿童能够更好学习科学知识、掌握科学方法、保护科学精神。

激发创造,形成能力。为激发儿童的创造力,学校为儿童创设实践探究的学习环境,为儿童提供更多自主选择的学习空间和充分的探究式学习机会。"奇妙科学"强调"做中学、学中思",通过小组合作与探究实践方式,逐步养成提出科学问题、收集和处理信息、获取新知识、分析问题和解决问题以及交流与合作的能力等。

5. 构建"悦活体育"特色课程群

基于发展儿童核心素养,结合小学体育国家课程标准,学校开发了"悦活体育"特色课程群。该课程群由少儿趣味田径、足球、快乐篮球、缤纷跳绳等课程组成。通过课程实施,让孩子从内心爱上体育,把体育素养渗透在教育之中,促使体育回归教育的本源,从而发展核心素养,促进儿童全面、个性的发展。

以健康为目标,提升身体机能。"悦活体育"是以增进儿童的健康为目的,落实健康行为、体育品格与运动能力的课程。保持儿童身体健康最好的办法,就是加强体育运动,促使儿童的身体机能不断强化。

以多元为途径,促进全面发展。"悦活体育"用丰富的内容、多样的形式和各种各样的体育器材等激发儿童的运动兴趣,提升儿童的体育品质与运动能力。

以意志力为方向,增进体育品格。体育运动不仅可以培养儿童的意志品质,锻炼儿童的毅力,还可以增强他们克服困难、战胜困难的信心,有助于促进他们的全面发展。

以生命为前提,激发身体活力。运动可以促进骨骼生长、变粗,增加骨密度,增加骨重量,增加肌肉的力量和耐久力。"悦活体育"通过各种课程的实施,让儿童因运动而使生命充满活力。

6. 构建"菁菁音乐"特色课程群

"菁",菁华、菁英,通精华、精英。"菁菁音乐"课程,即用音乐开启儿童智慧,培养儿童高雅的艺术情操,装扮儿童多彩的童年,在音乐艺术的熏陶下快乐成长,为成为社会精英人才奠定基础。

重视双基,提升音乐素养。"菁菁音乐"注重音乐知识、技能的学习,重视发展儿童审美能力和艺术表达能力。学习过程中,教师引导儿童多角度感悟音乐,加强对音乐的情感体验;引导儿童学会欣赏美、创造美,从而提高儿童的音乐综合素养。

注重实践,鼓励音乐创造。"菁菁音乐"课程强调教师要根据本校儿童特点,积极引导儿童主动参与演唱、演奏、聆听、综合艺术表演和即兴创编等各项音乐活动;通过多元化的音乐实践活动丰富儿童的形象思维,发展儿童想象力,开发儿童创造性的潜质,从而启迪儿童智慧。

加强整合,拓展艺术视野。音乐是听觉的艺术,儿童通过听觉活动感受和体验音乐。"菁菁音乐"课程,根据音乐的这些特点,将诗歌、舞蹈、戏剧、影视、美术等不同艺术门类进行融合,并与艺术之外的其他学科加强联系,通过具体的艺术材料和艺术实践,对不同艺术门类表现形式进行比较,拓展儿童艺术视野,深化儿童对艺术的理解。

关注差异,促进个性发展。由于儿童的歌唱水平和能力不尽相同,教师针对不同层次的儿童,遵循从简到繁、从易到难的教育教学原则,分层化进行教学实施,以提升儿童音乐感知能力和审美能力,培养儿童的想象思维能力及理解表现能力。在音乐艺术的熏陶下,稚气的孩童成为了"菁菁少年",在跳动音符的陪伴下,儿童拥有了丰富多彩的童年。

7. 构建"创想美术"特色课程群

"创想美术"特色课程的创建直指美术学科核心素养，是根据学情、师情、校情创造性研发的多个拓展性课程，让孩子们在教材之外得到拓展和延伸。

兴趣为本，激发绘画热情。在实施课程的过程中，教师立足于儿童的实际情况，让儿童爱上绘画，享受着艺术创造带来的乐趣。在学习过程中，"创想美术"充分发挥美术教学特有的魅力，使课程内容与不同年龄阶段儿童的情感和认知特征相适应，以活泼多样的内容和教学方式，激发儿童的学习兴趣，并转化成持久的情感态度。

无限为要，激发想象力。无限即没有边际，儿童追求无限想象，现实的、虚拟的皆为儿童的题材。"创想美术"课程倡导儿童把天马行空的想法能够大胆地表现出来，教师给出一个"点"，就能让孩子们来一场头脑风暴，展开无限的想象。

实践为主，激发创造力。"创想美术"基于美术课堂教学，结合教材内容，拓展出适合本年级的美术实践活动。每个实践活动都是美术与生活的交叉点，教师运用多种教学方法，把美术和生活有机结合起来，使美术课堂丰富多彩，提高儿童的创造力。

传承为根，激发自豪感。美术是人类文化的一个重要组成部分，与生活的方方面面有着千丝万缕的联系，因此美术学习是一种文化传承和文化学习。"创想美术"课程，注重培养儿童对祖国优秀美术传统的热爱，传承传统文化，以及对世界多元文化的尊重。

创新为魂，激发个性思维。"创想美术"课程重视对儿童个性与创新精神的培养。课程实施的过程中，教师注重提高思维的流畅性、灵活性和独特性，采取多元化的教学模式，促进儿童思维能力的提升。同时，教师加强分层化的教学实施，最大限度地开发儿童的创造潜能。

（二）"创优学科"的评价要求

学校课程评价中心通过对学科理念、目标定位、方案设计、内容实施、方法选择、时间安排、教学效果等方面进行评价"1＋X"课程群中的相关课程。由课程开发中心小组实施考核，课程评价每学年进行一次，采用对教师、儿童问卷调查的方式来完成。（见表6-4）

表6-4 "创优学科"课程评价表

课程名称		开发实施教师		
评价项目	评价内容	评价标准	评价分值	得分
课程评价 (60分)	目标定位	准确、促进学生发展	10	
	方案设计	合理、具有可操作性	10	
	内容实施	详细具体	10	
	方法选择	多样合理	10	
	时间安排	恰当、考虑全面	10	
	教学效果	知识掌握良好、学习状态积极	10	
课程开发 方案的评价 (40分)	课程纲要	符合课程目标、促进学生发展	20	
	教学设计	科学性、合理性	20	
综合评价	□优秀(90—100)　　□良好(80—89)　　□合格(60—79)			

三、建设"创趣社团",发展儿童兴趣爱好

创,始也;趣,以博其趣。为发展儿童的兴趣与特长,给儿童提供更多的选择,促进儿童全面、个性的发展,学校建设"创趣社团",通过聘请专业教师,打造专业社团,让儿童在有趣的氛围内学习知识。

(一)"创趣社团"的主要类型

"创趣社团"开设有多彩童画、科技之光、雅乐、追风少年等课程。

多彩童画课程包括绘画、泥塑、手工制作等,旨在学生在课程学习中提高动手能力、开发智力,提升创造力。

绘画:儿童模仿能力越强,创造性潜力就越大。通过绘画,提高儿童对物体的辨别能力,培养儿童的审美能力,提升儿童的模仿能力。

泥塑:泥塑是实践性、操作性很强的艺术活动,不仅可以激发儿童的兴趣,还让儿童的想象力无限放飞,儿童在操作中感受着泥塑带来的快乐,潜移默化中提高了动手、动脑的能力。

手工制作:手工制作过程中,当一件作品出现在眼前的时候,儿童的自信心和自我认知就会有一个大的提升。教师注重锻炼儿童动手、动脑,引导儿童主动解

决活动中遇到的问题,儿童在活动中体验着成功带来的快乐。

科技之光课程包括机器人、科学探索等,学生在课程中感悟科技的神奇,激发学习的兴趣,增强为祖国科技的发展贡献力量的信心。

机器人:机器人是儿童特别感兴趣的课程。在好奇心的驱使下,儿童的探索意识进一步加强,探究能力得到极大的发挥,机器人课程成为了促使儿童兴趣爱好、创新能力的催化剂。

科学探索:儿童对各种事物的好奇心越强,就越具有探索的眼光。"吸大的气球""越吹越浑的水"……让孩子惊奇地睁大双眼,不可思议地看着发生的一切,当谜团一个个解开,科学探索的欲望就永远扎根在心里。"科学探索"课程为儿童开启了一扇通往奇妙科学世界的大门。

雅乐课程:包括舞蹈、管乐、合唱、小主持人等,儿童在学习过程中,欣赏能力、创作能力、表现能力得到了很大的提高。

舞蹈:学校开设的课程包括现代舞和民族舞,儿童在学习舞蹈的过程,肢体的灵活性、音乐的节奏感、情感的爆发性都得到全面和谐的发展。

管乐:儿童在学习产乐器的过程中,学会了坚持、团队协作,在提高艺术素养的同时,不怕困难和挫折的优良品质得到提升。

合唱:在课程实施过程中,参加合唱团的儿童艺术修养得到了提升,表现能力和合作能力得到了极好的锻炼,团队协作精神明显增强。

小主持人:通过学习简单有趣的绕口令、儿歌及故事,教师引导儿童进行正确的发音,启发儿童对语言学习的乐趣。在寓教于乐的学习氛围中,儿童变得敢于表达,慢慢地消除了儿童胆怯心理,树立了自信。

追风少年课程:包括足球、篮球、田径、跳绳等,学生在运动中肢体灵活、精神饱满,养成了不怕困难、勇于拼搏的意志品格。

足球:总校区和澜湾校区共有三支足球队,孩子们在运动中用飞奔的双脚、灵活的身躯、默契的合作、奋力的拼搏诠释着速度与激情。儿童在运动中,提高了团队交际能力,树立了规则意识,变得更加坚强。

篮球:篮球训练是一个漫长的过程,儿童早晨、下午坚持训练,用顽强的毅力克服种种困难。在训练过程中,球员能够勇敢地面对挫折,能够尽力打出配合,意志品质和团队协作得到较好的提升。

田径:我们经常看到,田径队员在田径场上挥汗如雨地奔跑,为了学习正确的姿势一次次重复训练。经过训练,队员的体质明显增强,基本技术、基本技能等素养得到全面提高。

跳绳:通过训练,儿童更好地了解跳绳这项活动,掌握跳绳的基本技巧。经过长期的训练,儿童更加热爱跳绳,增强了参加活动兴趣,增强了体质,促进了身心健康发展。

(二)"创趣社团"的评价要求

学校通过"创趣社团"的构建与实施,让儿童在有趣的氛围内学到知识,寓教于乐。"创趣社团"评价遵循一切为儿童健康成长的原则,设计了以下评价量表。(见表6-5)

表6-5 "创趣社团"评价表

评价项目	评价内容	得分
社团管理 (25分)	1. 社团管理体制完善,机构设置合理,制定符合儿童实际的社团建设实施方案。 2. 建立健全并严格执行社团各项规章制度。 3. 社团会员人数适合,规模适度,成员资料档案齐全。 4. 指导教师认真负责。	
活动开展 (25分)	1. 孩子能认真参加活动,并从中感受到快乐,能通过活动提出自己的想法,完成自己承担的任务,养成孩子不怕吃苦的品质。 2. 学会关注身边的人和物。	
内容丰富 (25分)	1. 内容安排合理,能充分发挥多媒体教学手段,紧扣主题,准确定位,为儿童开展任务型学习、合作型学习、自主型学习提供了空间和机会。 2. 通过灵活多样的教学活动和组织形式让孩子积极参与活动。	
活动效果 (25分)	1. 活动有新意。 2. 养成关注社会,关注环境的意识。	
综合评价	□优秀(90—100)　□良好(80—89)　□合格(60—79)	

四、创设"创意节日",浓郁课程实施氛围

创,始也;意,意色举止,不异于常。"创意节日"创出新意,赋予节日以新的含

义。学校从"创则兴,新则进"的办学理念出发,通过"创意节日"来实施课程,力求把传统节日文化融入课程,优化课程资源,进行课程创新设计,开展课程教育活动,组织个性化课程评价。学校通过特色项目创建,让节日文化走进校园,走进课堂,充分发挥节日的教育功能,引导儿童在活动中传承传统文化,接受中华民族传统文化的熏陶,感受祖国文化的博大精深,增强爱国情感,让宝贵的民族传统和文化精神代代相传。

(一)"创意节日"的主要类型

1. 传统节日课程

中华传统节日具有丰富的文化内涵和教育价值,是中华民族悠久的历史文化的组成部分,是宝贵的精神文化遗产。春节、元宵、端午、重阳、中秋等传统节日无不刻印着深深的民族烙印。传承传统文化是学校教育的使命,学校充分挖掘传统节日的教育因素,围绕"春节""元宵""清明""端午""中秋""重阳"这六大中华传统节日开展教育活动。课程以活动菜单的方式给予儿童更多自主选择与拓展的空间,引导各年段儿童结合自我实际,整合各类学科,展开班与班、年级与年级间的互动交流,走进传统节日,感受中华文化的魅力。(见表6-6)

表6-6 "传统节日课程"设置表

年级	课程目标	快乐过大年	传统民俗闹元宵	追忆清明	粽情端午	月满中秋	童心暖重阳
一年级	对传统节日有初步的认识和感知,了解节日的由来	了解春节的时间及四个传统民俗活动内容	了解节日的文化内涵	了解节日的由来	了解节日的时间及传统民俗活动内容	了解节日的时间及传统民俗活动内容	了解节日的由来及传统民俗
二年级	懂得节日的风俗和节日背后的故事	制作一张节日贺卡	了解节日背后的故事	"我眼中的春天"儿童画创作	了解屈原的故事	讲故事《嫦娥奔月》学唱歌曲《爷爷为我打月饼》	"话重阳"讲故事大会

年级	课程目标	快乐过大年	传统民俗闹元宵	追忆清明	粽情端午	月满中秋	童心暖重阳
三年级	了解传统节日的特殊性	学做一样节日小吃	自编自创节日小报	了解风筝的起源，学放风筝	开展"划龙舟"小游戏	诵读有关中秋的诗歌	开展以"尊老爱老"为主题的班会
四年级	激发儿童对传统节日的喜爱之情	写一幅迎春对联	猜灯谜、做元宵	诵读有关清明的诗歌	开展包粽子大赛	开展"中国各地过中秋"的民俗民风调查	诵读重阳节的古诗词
五年级	锻炼动手实践能力	探究历代春节习俗的变化，制作电子小报	参加大型节日活动	祭扫烈士陵园	开展端午的民俗民风调查	开展"我眼中的中秋"儿童诗大赛	开展"写心里话，表真情"活动
六年级	增强儿童的民族自信心和自豪感	开展理财活动	开展实践和公益活动	开展"文明祭奠我先行"活动	开展讲传统美德的故事活动	举办"咏月"经典诵读活动	"尽孝心"实践活动

2. 现代节日课程

现代节日包含着人们对美好生活的寄托和希望，"现代节日课程"的开展可以有效地引导儿童关注生活，增强生活仪式感。（见表6-7）

表6-7 "现代节日课程"设置表

年级	课程目标	缤纷元旦	点赞最美的她	我和春天有个约会	劳动创造美	别样六一	礼赞老师	和祖国共成长	红领巾飘起来
一年级	对现代节日有初步的认识和感知，了解节日的由来	了解节日的时间以及由来	了解节日的时间以及由来	了解节日的时间以及由来	了解节日的时间以及由来	了解"六一"由来；职业体验	了解节日的时间以及由来	了解节日的时间以及由来	学习少先队礼仪知识

年级	课程目标	缤纷元旦	点赞最美的她	我和春天有个约会	劳动创造美	别样六一	礼赞老师	和祖国共成长	红领巾飘起来
二年级	懂得节日的风俗和节日背后的故事	制作一张贺卡	为妈妈做一件力所能及的事情	开展"我为小树浇浇水"活动	做一件力所能及的事情	职业体验	说一句感谢老师的话	了解国旗的意义	队歌大比拼
三年级	了解现代节日的特殊性	订下一个新的目标	给妈妈唱一支歌	各班召开主题班会	搜集劳动的好处和优点	职业体验	我给老师敬杯茶	了解中国的发展历程	各班召开主题队会
四年级	激发儿童对节日的喜爱之情	背诵相关的诗词或者文章	制作节日贺卡	制作手抄报	争当"劳动小能手"	职业体验	出一期敬师黑板报	举行"向国旗敬礼"主题班会	争做新时代好队员
五年级	增强动手实践能力	学做一样日小吃	自编自制节日电子小报	搜集、了解习爷爷植树节的故事	有关劳动儿童画创作	职业体验	手抄报比赛和制作感谢卡片	爱国征文比赛	才艺大比拼
六年级	提升自信心和自豪感	参加大型活动	"今天我当家"体验活动	"我来植树"体验活动	"劳动最光荣"演讲比赛	职业体验	教师节表彰活动	爱国歌曲合唱比赛	开展实践和公益活动

3. 校园节日课程

校园节日活动是开阔儿童视野、培养儿童兴趣、展示儿童特长的重要载体。学校依托六大节活动,使校园生活更加丰富多彩。(见表6-8)

表6-8 "校园节日课程"设置表

节日名称	课程目标	节日时间	活动内容
阅读文化节	指导儿童由浅层阅读走向深层阅读,提高儿童阅读能力,丰富儿童阅读策略,努力营造乐读善思的校园文化氛围,激发儿童热爱家乡、祖国的情怀。	12月份—次年4月份	1. 班级、年级、全校阅读收获展示 2. 教师征文评比 3. 教师阅读分享会 4. 评选"书香家庭""阅读之星""书香班级"

节日名称	课程目标	节日时间	活动内容
体育节	通过体育节活动，激发师生、家长运动热情，增强儿童体质、班级凝聚力、儿童集体荣誉感和规则意识。	4月份	1. 入场式 2. 竞技项目比赛 3. 亲子项目比赛
安全节	通过4月、9月两次安全月活动，增加儿童日常安全知识，增强儿童安全意识，打造平安校园。	4月份 9月份	1. 安全教育讲座 2. 安全演练 3. 安全知识手抄报、黑板报
科技创新节	通过系列科技活动普及儿童科技知识，提升儿童科技素养。通过科技小发明制作、科技小课题研究，创新精神和实践能力得到发展。	10月份	1. 科技作品展 2. 科技讲座 3. 科技知识竞赛 4. 科技体验
国际融合教育节	通过系列英语活动激发儿童学英语、用英语的兴趣，营造浓厚的英语学习氛围，增强儿童自信心、创新精神和实践能力。	11月份	1. 英语演讲比赛 2. 英语书写比赛 3. 英语讲故事比赛 4. 英语情景剧比赛 5. 优秀英语影视赏评
管乐艺术节	为儿童搭建展示自我的平台，培养儿童自信心，激发其学习艺术及积极参加艺术活动的热情，发展个性特长，提高审美情趣。	12月份	1. 管乐团汇报演出 2. 合唱团汇报演出 3. 舞蹈团汇报演出 4. 美术作品展出

（二）"创意节日"的评价要求

"创意节日"课程评价关注儿童的核心素养和必备品格，为努力实现评价的科学化、制度化、规范化，我们设计了以下评价量表。（见表6-9）

表 6 - 9 "创意节日"评价量表

评价项目	评价内容	得分
活动主题 (10分)	1. 主题鲜明、立意新颖、寓意深刻。具有时代性、科学性、针对性、实效性、教育性。 2. 根据儿童身心发展和成长中遇到的共性问题确定主题。	
活动目标 (10分)	1. 目标明确,有明确的导向和时代性。 2. 达到儿童情感态度价值观的转变。 3. 儿童有认识、有感悟,自我教育能力得到增强,能促进儿童身心健康发展。	
内容丰富 (20分)	1. 贴近社会现实、贴近儿童实际生活、贴近儿童身心发展规律。 2. 紧扣主题,准确定位。 3. 分出层次,突出重点。	
活动实施 (40分)	1. 情景设计合理,操作性强,体现综合运用知识的能力,依据所确定、分解、细化的具体内容选择活动。 2. 整个活动过程开展流畅,各个环节衔接紧密。 3. 面向全体儿童,关注儿童的个性和差异,注重培养儿童的实践能力,教育作用明显。 4. 师生互动,儿童参与面广,能充分体现儿童主体、教师主导的新课程理念。 5. 活动设计有特色有创意,体现课程的实践性、自主性、综合性、创造性和趣味性。	
活动效果 (20分)	1. 新颖、独特、多样,让儿童充分展示自我,注重儿童的感悟和体验。 2. 重视活动的群体性,引导儿童合作学习,能创设生动、活泼、有效的课堂氛围。	
综合评价	□优秀(90—100)　　□良好(80—89)　　□合格(60—79)	

五、推行"创越之旅",落实研学旅行课程

创,始也;越,度过。创越之旅即开展研学旅行,在研学过程中收获知识。毛泽东曾在《讲堂录》里写下这样的名言:"欲从天下万事万物而学之,则汗漫九垓,遍游四宇尚己。"可见,游学是从古到今长盛不衰的学习、文化交流的一种方式,有着丰富的历史底蕴。而研学旅行课程是以研学旅行活动为载体,在自然和社会生

活中亲自体验与感悟,从而获得最佳的学习效果的体验式课程。儿童在"没有墙的教室"中进行学习,如场馆活动、参观爱国主义教育基地等,从中获得有积极意义的价值体验。

（一）"创越之旅"的主要类型

郑州商城是商代早中期的都城遗址,坐落在郑州管城区内,距今约 3 600 年,是郑州的历史文化名片。航空港区和中原国际陆港的建设,打开了郑州通往世界的"空中丝路"和沿着郑欧班列逶迤万里的"新丝路"。在"一带一路"建设的影响下,未来的郑州将要被打造成现代化"国际商都"。在儿童成长的路程中,思想的变化总能在少年时期找到源泉,为了给儿童心中种下一颗红色的种子,学校推行了"走读商都""品位国际郑""童心向党"等研学课程,让儿童在走读中了解家乡历史及变化,传承发扬商城文化,培养具有家国情怀的创新好少年。(见表 6 - 10、表 6 - 11、表 6 - 12、表 6 - 13)

表 6 - 10 "走读商城"研学课程(低年级)

单元主题	课程目标	课程名称	内容	活动地点
走读商都	1. 在老师的讲解下,掌握郑州商城遗址的历史。 2. 通过对郑州商城历史的挖掘,为探索商代历史提供重要的借鉴作用。	遗迹,商城人的脉	1. 走进郑州商城遗址。 2. 讲解郑州商城遗址的历史。	郑州商城遗址
	1. 了解郑州老胡同的历史和特点。 2. 激发保护胡同、保护文化传统的意识。	历史,商城人的根	1. 走进郑州老胡同。 2. 讲解人员讲解老胡同历史。 3. 采访居住在郑州老胡同的居民。	郑州老胡同
	1. 了解食品的加工过程。 2. 懂得尊重劳动者、珍惜劳动成果的重要性。	粮食,商城人的天	1. 走进多福多食品加工厂。 2. 参观食品生产流水线。 3. 讲解人员讲解食品加工工艺。	"多福多"食品加工厂

单元主题	课程目标	课程名称	内容	活动地点
	1. 知道火车与人们之间的联系。 2. 能够大胆地表述对火车站的认识。 3. 积极参与讨论,激发对现代交通工具的兴趣。	交通,火车拉来的城市	1. 参观火车基地。 2. 听讲解人员讲解郑州火车发展历史。 3. 进入火车机头体验。 4. 观看工作人员演示火车旗语。	郑州火车站
	1. 了解家乡的美食以及美食背后的故事。 2. 了解豫菜与其他菜系的区别。 3. 激发热爱之情。	传统美食——舌尖上的商城	1. 讲解人员讲解美食历史。 2. 走进食品制作区域,近距离观察美食制作过程。 3. 听大厨讲解食材搭配。 4. 品尝美食。	阿五黄河大鲤鱼、方中山胡辣汤

表6-11 "品味国际郑"研学课程(中年级)

单元主题	课程目标	课程名称	课程内容	课程地点
品味国际郑	1. 加深对豫剧的有关知识的了解。 2. 通过感受豫剧曲子,丰富情感,激发对豫剧的热爱之情。	豫剧,商城好声音	1. 走进河南省戏曲声音博物馆。 2. 讲解豫剧发展历史。 3. 参观历史文物。 4. 豫剧名家现场演示。	河南戏曲声音博物馆
	1. 儿童直观了解郑州的厚重历史。 2. 提升社会交际能力。 3. 激发儿童热爱郑州建设郑州的决心。	历史,商城人的根	1. 走进郑州市档案馆。 2. 讲解人员讲解郑州市发展历史。 3. 观看郑州历史宣传片。	郑州市档案馆
	1. 知道火车与高铁的不同。 2. 能够大胆地表述对高铁的认识。 3. 积极参与讨论,激发对现代交通工具的兴趣。	科技之美,火车拉来的城市	1. 参观郑州东站高铁。 2. 听讲解人员讲解郑州火车发展历史。 3. 进入高铁车厢头体验。 4. 观看工作人员演示火车旗语。	郑州东站

单元主题	课程目标	课程名称	课程内容	课程地点
	1. 体会科技的力量。 2. 激发"爱郑州·疼单车"之情，为郑州这座文明城市贡献自己的力量。	科技之美，共享经济	1. 讲解人员讲解共享单车的发展。 2. 体验共享单车的科技元素。 3. 体验共享单车的布局。	哈啰单车、青柠单车郑州办事处
	1. 了解新能源汽车发展的必要性和趋势。 2. 拓展儿童知识面。 3. 增强儿童的环保意识和创新意识。	出行，新能源汽车的问世	1. 走进汽车工厂。 2. 听工厂工作人员讲解汽车生产流水线。 3. 工厂人员讲解汽车组装过程。 4. 讲解人员讲解新能源汽车的科学原理。	东风日产

表 6-12 "童心向党"研学课程（高年级）

单元主题	课程目标	课程名称	内容	活动地点
童心向党	1. 通过文字资料、视频资料和图片资料，了解"二七大罢工"的背景、原因和作用，了解二七纪念塔的纪念意义。 2. 能够用流利的语言介绍二七纪念塔。	走进二七纪念塔	1. 走进二七纪念塔。 2. 了解二七大罢工的背景、原因和作用。 3. 了解二七纪念塔的纪念意义。	二七纪念塔
	1. 了解圆方集团。 2. 激发对身边英雄的尊敬之情。	走进圆方集团非公党建学校	通过资料搜集，了解圆方集团非公党建学校的成立时间及意义。	圆方集团非公党建学校
	1. 通过资料搜集，了解初心馆的成立时间及意义。 2. 传承红色基因，做当代的良好少年。	走进管城区党员初心馆	1. 走进管城区党员初心馆。 2. 参观初心馆。 3. 了解和学习共产党的发展历程。	管城区党员初心馆

单元主题	课程目标	课程名称	内容	活动地点
	1. 通过老师的讲解,图片的展示,儿童了解郑州铁路职工学校旧址的历史和变化、革命先驱李大钊在这里进行宣传活动的事迹。 2. 能够用流畅的语言对郑州铁路职工学校旧址进行介绍。	走进郑州铁路职工学校旧址	1. 了解郑州铁路职工学校旧址的历史和变化。 2. 了解革命先驱李大钊在这里进行宣传活动的事迹。	郑州铁路职工学校旧址
	1. 了解郑州西堡红色街区历史意义。 2. 能够用流畅的语言介绍西堡红色街区。	走进郑州西堡红色街区	1. 讲解人员讲解郑州西堡红色街区。 2. 了解郑州西堡红色街区历史意义。	郑州西堡红色街区

（二）"创越之旅"的评价要求

为了让研学课程做到"学之扎实、研之尽兴、旅之有获、行之成长",特此设计了评价量表。（见表6-13）

表6-13 "创越之旅"评价量表

评价项目	评价标准	得分
活动主题 （25分）	1. 研学主题简洁凝练、表述具体、特色鲜明,具有针对性和目的性,能呈现研学资料主要特点。 2. 突出体现小学研学实践活动课程的核心价值,学用相长,知行合一。	
活动过程 （25分）	1. 课程目标应契合主题、具体明确、切合实际,列出通过研学实践和课程实施所要达到的育人效果。 2. 明确四个核心目标:知识目标、能力目标、情感态度价值观目标、核心素养目标。四个目标要有详细的文字说明。	
活动效果 （25分）	1. 围绕课程主题和课程目标,结合自身资源特点,设计出育人价值明确、内容丰富、清晰充实的课程。	

评价项目	评 价 标 准	得分
	2. 可用流程图或思维导图呈现。 3. 明确课程组织实施的路径、方法。	
特色创新 （25分）	1. 根据研学目标,合理安排路线和流程,主次分明,过程紧凑,采取多种形式呈现。研学前、研学中、研学后,各节点组织有序得当,能有效保证研学内容的落实。 2. 活动设计有特色有创意,体现课程的实践性、自主性、综合性、创造性和趣味性。	
综合评价	□优秀(90—100)　　□良好(80—89)　　□合格(60—79)	

六、加强"创举仪式",探索德育有效新途径

创,始也;举,发起、兴办。即充分利用学校教育资源和当地社会教育资源,开发、建设与实施多样化的仪式课程。通过仪式课程建设,探索德育有效途径,深入推进素质教育,不断提升育人水平,推进学校教育品质化、特色化发展,帮助儿童健康快乐、全面成长。

（一）"创举仪式"的主要类型

本着独特性、先进性、科学性、系统性的原则,学校将仪式课程分为常规仪式课程和成长仪式课程。

常规仪式课程即学校的常规教育活动,如开学典礼、散学典礼、升旗仪式等,做到次次有主题,回回有深意,让常规仪式成为教育的主阵地。

成长仪式课程主要包括新生"入学仪式"、儿童"毕业仪式"和一年级"新生入队仪式"。让儿童一起迎来属于自己的美好小学时光,并在六年后携手告别天真的孩提时代,在仪式中感受成长。

（二）"创举仪式"的评价要求

我们根据儿童的实际情况和发展需要,设定适应儿童发展的评价标准和评价方式,制定了"创举仪式"的评价量表。（见表6-14）

表 6-14 "创举仪式"评价量表

评价项目	评价内容	得分
活动主题 (25分)	1. 仪式主题鲜明、立意新颖、寓意深刻,仪式主题具有时代性、科学性、针对性、实效性、教育性。 2. 根据儿童身心发展和成长中遇到的共性问题确定仪式主题。	
活动内容 (25分)	1. 贴近社会现实、贴近儿童实际生活、符合儿童身心发展规律。 2. 紧扣主题,准确定位,分出层次,突出重点。	
活动过程 (25分)	1. 要依据所确定、分解、细化的具体内容选择活动,采取多种形式呈现。设置拓展性、开放性的问题,给予儿童思考的空间,注重儿童在活动中的体验性、提高感悟力。 2. 面向全体儿童,关注儿童的个性特征,注重儿童的实践能力。教育作用明显,活动设计有特色、有创意,体现课程的实践性、自主性、综合性、创造性和趣味性。	
人文情怀 (25分)	1. 新颖、独特、多样,让儿童充分展示自我。 2. 注重儿童的感悟和体验,能创设生动、活泼、有效的氛围。	
综合评价	□优秀(90—100)　　□良好(80—89)　　□合格(60—79)	

七、建设"创想空间",落实创客教育课程

创客指的是应用知识和技能,努力把各种创意转变为现实的人。创客教育是创客文化与教育的结合,基于儿童兴趣,以项目学习的方式,使用工具,倡导造物,鼓励分享,培养跨学科解决问题能力、团队协作能力和创新能力的素质教育。

(一)"创想空间"的主要类型

"创想空间"是学校为儿童开辟的校园第二学习基地,是将"让每个孩子体验创新的激情"的课程理念落到实处的一个平台。通过"动手实践+创新设计"的方式,将学科知识和技能进行融合,让儿童由被动地接受转变为主动探索式的学习。(见表6-15)

表 6-15 "绿色能源电动车"课程

课程名称	课程目标	课程内容	实施方案
Greenpower China 绿色能源电动车	了解赛事的意义及车队组成。	了解 GREENPOWER 赛事、车队组成、规章制度、成员分工与责任。	根据主办方提供的资料进行讲解,儿童依据兴趣和特长自荐岗位。
	初步了解新能源车的构造及发展方向,了解常用工具。	1. 了解新能源及新能源汽车构造的基本常识。 2. 认识工具,了解新能源车的用途,了解赛车各部分零件及用途。	邀请宇通集团的工程师对儿童进行讲解授课。
	学会看图、组装、调试车辆。	看图组装及调试车辆。	教师指导,儿童动手实际操作。
	熟知比赛规则,掌握驾车技巧。	学习驾车技巧及赛事规则。	学习赛事规则,驾驶理论,并进行实际操作验证。
	通过观看视频,欣赏和观察不同参赛车辆的设计风格,在心中孕育自己的设计草图。	观看历届 GREENPOWER 赛事集锦。	组织观看历届赛事图片、视频,开阔儿童对车辆外观的设计思路。
	通过搭建车辆缩比模型,把自己的想法在模型中展现出来。	搭建赛车模型并分小组设计。	利用热熔枪、塑料棒、彩纸、硬泡沫等材料和工具,让儿童动手建构设计模型。
	统一主题,围绕主题(管材装饰车辆)进行设计。	确定赛车主题,分小组进行设计。	集中讨论各种设计的优缺点,选择车队的突破方向,确定主题方向进行设计。
	根据草图选择合适易加工的材料,认识这些材料的特性,以及在生活中这些材料的用途及加工方法。	1. 根据设计草图模型选择合适材料。 2. 材料的认识及加工方法。	老师根据设计草图提供不同的材料,儿童动手设计草图变为现实,在实际操作中了解这些材料的不同特性及加工的难易程度。

课程名称	课程目标	课程内容	实施方案
	通过简单的电路连接实验,让儿童们理解车辆电路的控制原理。	车辆电路的认识。	儿童利用干电池、电动马达、开关组件、电线等材料进行简单的电路控制连接,从而了解电动车的电路原理。

（二）"创想空间"的评价要求

"创想空间"从课程机构与管理、课程组织与实施等方面开展评价。（见表6-16）

表6-16 "创想空间"评价表

评价项目	评价标准	分值	得分
课程机构与管理（30分）	通过严格考核,选拔有资质、经验丰富的教师任教。	5	
	责任评价:车队各成员完成本职工作情况评价。	5	
	知识评价:对赛车理论知识掌握情况评价。	5	
	习惯评价:对车队规章制度执行情况评价。	5	
	安全意识评价:活动期间是否处处以安全为先。	5	
	团结协助评价:是否以团队为重,能否尊重队友意见评价。	5	
课程组织与实施（40分）	提前两周备课、研课、评课,直至达标。	6	
	任课老师以饱满的精神面貌,在上课前10分钟到达教室。	6	
	课堂上以"动手实践＋创新设计"的课堂模式,带领儿童一起探究所学内容。	8	
	下课后引导儿童整理桌椅,收好个人物品。	6	
	严格执行教室使用制度,认真打扫整理,使教室恢复原样,关窗断电锁门,确定无误后方可离开。	6	
	按时整理档案,主要包括教学设计、课堂照片、儿童签到表、教研记录表、学期总结、年度总结等。	8	

评价项目	评价标准	分值	得分
评价方式（30分）	积分鼓励形式评价,激发儿童的竞争意识,调动儿童的自我学习能动性。	5	
	问卷调查评价,每月一次儿童问卷调查、期末喜好度调查等。	5	
	队员间书面评价。	5	
	队员活动日记评价。	5	
	通过创客展示的活动形式做课程汇报。	5	
	通过实地查看教学情况,核实各类档案进行评价。	5	
综合评价	□优秀(90—100)　□良好(80—89)　□合格(60—79)		

"创新教育"是学校面向未来提出的一种具有前瞻性、科学性的教育理念。学校课程从规划到实施展现了师生探索求知的体验过程,体现着文化传播的学习过程,升华着完善人格的教育过程。在课程实施中,教师用智慧启迪智慧、用人格影响人格、用心灵感悟心灵。丰富多样的课程点燃了儿童的创新意识,挖掘了儿童的创新潜能,发展了儿童的创新能力。我们也在努力践行儿童在教师的发展中成长,教师在儿童的成长中发展。

（撰稿者:徐建梅　石宇霞　马敏　李媛　常霞　李柯）

后记

《儿童立场的课堂探索》这本书经过大家的努力,终于定稿完成。回首编写的过程,从制定书名,到内容的一次又一次补充和完善……一幕幕研讨的场景如在眼前。其间我们虽有艰辛、煎熬、挣扎,但更多的是成长、反思和收获;是对区域学校课程规划有了更清醒的认识,是对学校课程理念和开发有了更加深刻的理解,是促使老师们在课程的教育实践中转变为课程的开发者、研究者和探索者。

因此,在本书最后,感谢所有参与编写的老师们,没有他们的辛苦付出,就不会有这本书的面世;也感谢上海市教育科学研究院杨四耕教授的专业指导和谆谆教诲,没有您的支持和点拨,就不会有这本书的出版。

当然,我们深知能力有限,本书编写中如有不足之处,还望您批评指正。我们一定会及时改正,且行且思,不断完善,以更好地探索课程,实践课程。

"品质课程"阅读书目

学校整体课程规划	978 - 7 - 5760 - 0423 - 6	48.00	2022 年 1 月
学校整体课程规划的七个关键	978 - 7 - 5760 - 0424 - 3	62.00	2021 年 3 月
教学诠释学	978 - 7 - 5760 - 0394 - 9	42.00	2020 年 9 月

📖 特色学校聚焦丛书

让个性自然发荣滋长:"引发教育"的理论寻源与实践探索			
	978 - 7 - 5760 - 2600 - 9	38.00	2022 年 3 月
面向每一个生命的教育	978 - 7 - 5760 - 2623 - 8	44.00	2022 年 8 月
让每一个生命澄澈明亮:"小水滴"课程的旨趣与创意			
	978 - 7 - 5760 - 2601 - 6	54.00	2022 年 8 月
新劳动教育:时代意蕴与实践创新	978 - 7 - 5760 - 3702 - 9	58.00	2023 年 3 月

📖 跨学科课程丛书

像博士一样探究:PHD 课程的创意与探索	978 - 7 - 5760 - 3213 - 0	52.00	2023 年 2 月

📖 核心素养导向的课堂教学丛书

深度教学的内在维度:数学反思性学习的六个策略			
	978 - 7 - 5760 - 2590 - 3	36.00	2022 年 3 月
具身学习的 18 种实践范式	978 - 7 - 5760 - 2591 - 0	38.00	2022 年 6 月
课堂是照亮彼此的地方	978 - 7 - 5760 - 2621 - 4	46.00	2022 年 7 月
以学习为中心的课堂范型	978 - 7 - 5760 - 2622 - 1	42.00	2022 年 8 月
简练语文:教学主张与实践智慧	978 - 7 - 5760 - 2681 - 8	56.00	2022 年 9 月
课堂核心素养	978 - 7 - 5760 - 3700 - 5	48.00	2023 年 3 月

📖 特色课程建设丛书

幼儿园特色课程的框架与实施	978 - 7 - 5760 - 2598 - 9	48.00	2022 年 3 月
课程是鲜活的:"大视野课程"的旨趣与活性	978 - 7 - 5760 - 2599 - 6	42.00	2022 年 7 月

指向核心素养培育的学校课程图谱   978 - 7 - 5760 - 2624 - 5   42.00   2022 年 7 月

让儿童生活在美的世界里：幼儿园全景美育的课程探索

                                      978 - 7 - 5760 - 3552 - 0   44.00   2023 年 2 月

核心素养与学习需求：学校课程建设导引   978 - 7 - 5760 - 3848 - 4   52.00   2023 年 6 月

📖 课堂教学新样态丛书

课堂，与美最近的距离：基于学科核心素养的课堂教学变革

                                      978 - 7 - 5675 - 7486 - 1   38.00   2022 年 4 月

协同教学：意蕴与智慧   978 - 7 - 5675 - 8163 - 0   48.00   2022 年 4 月

决胜课堂 28 招   978 - 7 - 5760 - 2625 - 2   52.00   2022 年 4 月

一百个孩子，一百个世界：基于差异的教学变革

                                      978 - 7 - 5675 - 6754 - 2   42.00   2022 年 11 月

课堂如诗："雅美课堂"的姿态   978 - 7 - 5675 - 7219 - 5   42.00   2022 年 11 月

在教室里眺望世界：基于 BYOD 的教学方式变革

                                      978 - 7 - 5675 - 8247 - 7   52.00   2022 年 11 月

课堂教学的资源设计与方式变革   978 - 7 - 5760 - 3620 - 6   52.00   2023 年 2 月

📖 学校课程变革新取向丛书

平衡性变革：学校课程建设新取向   978 - 7 - 5760 - 3746 - 3   52.00   2023 年 5 月

解构性变革：学校课程发展的突破口   978 - 7 - 5760 - 3840 - 8   46.00   2023 年 6 月

赋权性变革：提升学科领导力   978 - 7 - 5760 - 3841 - 5   52.00   2023 年 6 月

📖 课程育人新坐标丛书

学校课程的统整之道   978 - 7 - 5760 - 3845 - 3   56.00   2023 年 5 月

教室里的课程   978 - 7 - 5760 - 3843 - 9   38.00   2023 年 6 月

儿童立场的课程探索   978 - 7 - 5760 - 3844 - 6   52.00   2023 年 6 月